達人教師・山本昌猷の知恵と技 2

山本昌猷の
こうすればうまくいく授業づくりの知恵と技

山本昌猷 著
Masamichi Yamamoto

黎明書房

まえがき

> ### 本書を手にされたあなたへ
>
> 　本書には,「授業づくりの知恵と技」が集約されています。
> 　**「授業のつくり方・進め方の知恵と技」**が会得できます。
> 　授業実践に行き詰まった時,実践に悩みを抱えた時,あなたの力強い味方となってくれます。
> 　**「やる気と元気が出る本」**です。

　あなたは,授業をうまく組み立てられますか?
　子どもたちが,生き生きと学ぶ授業ができますか?

　「楽しい授業をしたい」「分かりやすい授業をしたい」――教師みんな願っていることですね。
　でも,現実には,「楽しく,分かりやすい授業」はなかなかできません。

　公開研究会等に参加すると,素敵な授業に出会うことがあります。
　子どもたちが自分の考えをはっきり述べ,友達の考えと比べて討論し合い,互いに高め合う授業。
　「こんな授業ができたらいいな」とうらやましく思いますね。
　素敵な授業の裏には,長年にわたって蓄積された「授業のつくり方・進め方の知恵と技」が隠れています。
　しかし,裏に隠れた「知恵と技」はあまり語られません。

　この本は,「宝の本」です。

あなたに1日も早く「素敵な授業ができる教師」になってほしいとの強い思いから，私が40年間の実践を通して獲得した「授業づくりの知恵と技」・「授業の進め方の知恵と技」を集約しました。
　この本を手にされたあなたは「一人前の教師」として，自信を持って子どもたちを指導できるようになります。

　教師の命は，授業です。
　質の高い豊かな授業をつくり，展開していくことです。
　しかし，授業のつくり方や展開の仕方を，誰も懇切丁寧に教えてはくれません。
　あなた自身の力で学び取っていかなければなりません。
　本書においては，誰も語ってくれない「授業づくりのコツ」「授業の進め方のコツ」をまとめました。
　・どのように授業構想を描いていけばよいか。
　・学習課題をどのように設定すればよいか。
　・どうすれば授業展開がスムーズに流れるか。
　・どのようにして発問をつくればよいか。
　・どのような授業の振り返り方をすれば，授業力量を高められるか。
　このような，実践の裏側に隠れた秘訣もすべて包み隠さず書き出しました。
　若い教師に「これだけは伝えたい」という熱い思いを込め，渾身の力を振り絞って「授業のつくり方・進め方の知恵と技」を書き綴りました。

　私が提示した「授業実践の知恵と技」を踏み台として，1日も早く素敵な授業ができる教師として成長されることを念じております。

　　平成23年1月　　　　　　　　　　　　　　　　山　本　昌　猷

目　次

まえがき　1

第1章　授業をつくる知恵
―授業を組み立てるには，どうすればいいの？―

❶　授業を構想するとは　6
❷　授業構想づくりの基本　10
❸　授業構想の基本形（思考の流れ）　15
❹　授業構成の2つの軸　24
❺　授業構想のポイント　30
❻　教科書を生かして授業を構想する　34
❼　授業構想づくりは，本時部分から　39
❽　豊かな学習活動を生み出す方法―4層の活動読み込み方式―　43
❾　活動型授業の事例―袋の授業―　52
❿　XでAの授業をつくる　59
⓫　授業イメージのつくり方（3つの方式）　62

第2章　授業を進める知恵
―授業は，どのように進めるとうまくいくの？―

⓬　導入の工夫①　74
⓭　導入の工夫②　76

- ⑭ 発問の基本　83
- ⑮ ２つの問い　86
- ⑯ ２つの問いの事例　89
- ⑰ 発問づくりの修業　95
- ⑱ 作業のさせ方のコツ　100
- ⑲ ３つのねらいに即した机間巡視　106
- ⑳ 個別への対応の仕方①　111
- ㉑ 個別への対応の仕方②　115
- ㉒ 学習状況を表示する小道具―「信号機」のつくり方と使い方―　119
- ㉓ 問題解決型の授業展開　123
- ㉔ 話し合いの組織化　132
- ㉕ ちょっとした「指名の工夫」を　139
- ㉖ 誤答の活かし方　141
- ㉗ 学習のまとめ方の工夫　147

第３章　授業を評価する知恵
―授業の評価，どうやってするの？―

- ㉘ 授業への注文カード　154
- ㉙ 学びの自己評価　160
- ㉚ テスト問題づくりの力　165
- ㉛ ３者の授業評価　171
- ㉜ 授業を振り返る内観法　176
- ㉝ こんなテストも！「ＳＰテスト」　182

あとがき　186

第1章

授業をつくる知恵

―授業を組み立てるには，どうすればいいの？―

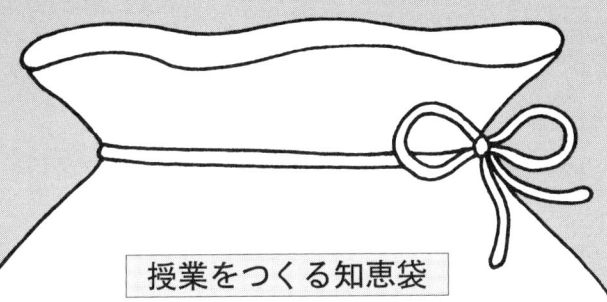

授業をつくる知恵袋

―あなたは，楽しく分かりやすい授業を
組み立てられますか？―

授業を構想する力をつけなければ，
実践力は伸びません。
授業を構想するとっておきの方法と知恵があります。

「授業をつくる知恵」
について，語りましょう。

授業を構想するとは

「どのような授業展開にしようか」といつも迷っているのですが,「授業を組み立てるコツ」は,ないのですか?

◆「どのような授業にしようか」と授業の構想を描いている時が一番楽しい時でもあり,また苦しい時でもありますね。
◆「こうすれば授業の構想が描けます」という明確な方法はありません。
　でも,それぞれの教師特有の構想の仕方があります。
◎ここでは,授業構想を描き出していく上での心構え,日常生活での行動の仕方について,私の経験から語ります。
　細かな方法・コツについては,次の項で詳しく語りましょう。

授業の構想を練り上げるには

① あたため続けること。
② 教育のロマンを忘れないこと。

① パッと授業の流れが浮かぶことはありません

○どんな授業名人でも一瞬にして授業の流れを生み出すことはできません。
　みんな,常に頭の中であたため続けているものです。
○「今度の公開授業,どんな授業にしよう……?」
　「今度の校内研修の提案授業,どんな流れにしよう……?」
　教師なら皆経験することですね。
　このような時,パッと授業の流れが浮かぶことはありません。
　授業公開の日が決まると,その時から頭のどこかで授業のことが引っ

かかり気の重い日々が続くものですね。

②　気になっていることが，実はきわめて大切なことなのです

○気になる→あたため続ける。
　これが授業の構想を描く最強のコツです。
○どれだけあたため続けるかで授業構想力が決まります。
　最低1ヵ月間は，あたためないと素敵な授業は構想できません。
○私も現役時代は，いつもメモ帳を持ち歩き，「こんな授業の流れにしたら……」と思いついた時にはその場でメモを取りました。
○宴会の席でもメモを取り「やり過ぎよ！」とたしなめられたこともあります。
　「宴会の席までも」とは申しませんが，あたため続けることをお勧めします。
○あたため続けると必ず素晴らしいひらめきに出会えます。

③　事例を1つ語ってみましょう

○「長さの量感は生活経験を通して培わないと，長さの学習が本物にならない」と長年研修会等で主張してきました。
○ある年，2年生の担任となり，算数の公開授業研究会の開催となりました。
○周りの先生方から「どんな授業を見せてくれるか，楽しみですね」とプレッシャーもかけられ，アイディアがわかずキリキリと胃が痛む毎日を過ごしていました。
○たまたま，スーパーマーケットへ買い物に行きました。
　「気晴らしにおいしいものでも食べたいな」と店の中を回り，レジで精算を済ませました。
○とたんに，「これだ！」とひらめきました。

そして，もう一度店内を回り，レジへ戻って確かめました。
「これなら，長さの楽しい授業ができる」と確信しました。
○公開授業では，「長さの総合的な算数学習」として，買い物活動を通して，長さの量感をつかませる授業を展開しました。
○当初（昭和53年頃），「算数の総合的な学習」などを公開した人はいませんでした。
参観者から「あれは，何の授業？」と驚きの反応が寄せられました。
○現在では，当たり前の授業として見られるのでしょうが，その頃は参観者に大きな刺激を与えました。
○この公開授業の準備段階での楽しい秘話もあります。
○長さの授業にお菓子の箱を使おうと思いつきました。スーパーマーケットへ行き，「きっちり10cmのお菓子の箱がないか」とものさしで測りながら探しました。なかなか見つからず，「これもダメか！」と声を上げながら探していました。
その光景を見ていた店員さんが不思議に思われたのでしょう。男女2人の店員さんが来て，身構えるように「何をされているのですか」とたずねられました。（お菓子をものさしで測って買うお客さんなどいませんから，「変人か？」と疑われたのでしょう。）
「実は，学校のお勉強にお菓子の箱を使うので……」と丁寧に説明しましたが，「変な人？」といった顔のまま去って行かれました。
粘ってやっと10cmピッタリのお菓子の箱を見つけました。「あった！」と思わず叫びました。（「スカイミント」というお菓子でした。）
教材に使う材料（ネタ）さがしも結構大変ですよ。

④ 授業構想づくりの最強のコツは，あたため続けることです

○あたため続けていると必ず素晴らしいアイディアがわき起こります。
アイディアを生み出す出会いに恵まれます。

第1章　授業をつくる知恵

教育のロマンを求めて

○「どのような展開の授業にすればよいか」と授業の組み立てを考え続けることは辛いことですね。
　でも，「どのような授業にすれば，子どもたちの目の色が変わるのか」を探ることは，教師としてこの上ない幸せです。
○近年は，「学力の向上」が至上命令のような気風があり，授業本来の子どもと共に学ぶ喜びを味わうゆとりがなくなってきているようです。
○しかし，「学びを喜び合うこと」が授業から消えたら，授業ではなくなりますね。楽しく学んでいるようでも，最後は点数を上げるだけの教授活動になってしまいます。
○「このような切り込み方をしたら，子どもたちは喰いついてくるだろうか」
　「この素材を提示すれば，学習興味を喚起できるのではないだろうか」
　「この単元では，思い切って体験的な活動を多く取り入れてみようか」
○授業を構想することは，最高の創造的な作業です。
　画家がキャンバスに向かって独創的な描写活動を行うのと同じ創造活動です。
○授業を構想することは，限りなく楽しい作業です。他の職業では味わえない独創性と創造性が発揮できる作業です。
○「学力の向上」という至上命令だけにとらわれないで，授業が持つ魅力，本来の教育活動の姿を見直し，皆で「教育のロマン」を追い求めませんか。
○教師生活を支える唯一の魅力は，**「教育のロマン」**を追い求め，より高くロマンを広げていくところにあるのではないでしょうか。
　「教育のロマン」を追い求める「豊かな教師」になりませんか。

2 授業構想づくりの基本

「どのような授業展開にしようか」といつも迷っているのですが，授業構想を立てる時の基本は何ですか？

◆公開授業を参観したり，授業についての講話を聴いたりすると「私が日々行っている授業は，これでいいのだろうか」と不安になってくるものです。

◆また，最近の流行として「学び合いを深める」とか「言語能力を高める」など，授業に多くのことが期待されています。
　現場では，これらの新しい期待に応えようと授業展開に様々な工夫をこらしています。そして，「あれも，これも」と授業展開が過剰に膨らんでいきます。

◆特に現場経験の浅い若手教師の皆さんは，「何をどのようにすればいいの」と悩まれ，日々の授業実践が大きく揺れているのではないでしょうか。

◆授業構想，授業展開の基本を押さえ，日々落ち着きのある授業実践を積み上げて行きたいものですね。

授業づくりの大原則

目の前にいる子どもたちに合った授業をつくること（子どもに合った授業を！）

◎授業づくりの原則は，「子どもに合った授業」をつくることしかありません。これは，不変の大原則です。

第1章　授業をつくる知恵

子どもに合った授業づくり

①　授業づくりの基本は,「子どもに合った授業」をつくることです

○「学習する必要性を持たせる工夫がいります」
「問題解決的な授業の進め方を工夫する必要があります」
「子どもたち同士で高め合う,学び合いのある授業展開が必要です」
「書く,表現するなど子どもの言語能力を高める授業を日々実践するように心がけることが必要です」
などなど……。
このような授業への注文を大量に聞きませんか？

②　一つひとつの注文は,正論です

○指摘される通りです。
○でも,現実の自分の教室で実践を展開しようとすると,不安と焦りが出てきますね。
○「どうしたらいいの？」と頭を抱えたくなりますね。
○しかし,何が主張されようとも「子どもに合った授業」をつくるのが不変の大原則であり,そこで求められるのが教師の眼力と力量です。

③　時代の流れに追われる

○私も長い40年間の教員生活の中で,授業に期待される事柄に振り回されてきました。
○「時代の流れですよ」という言葉に乗せられながら,授業改善の波に追い回されてきました。

④ 時代の流れを概観してみましょう

- 昭和30年代「基礎学力の重視」
  （系統的に学ばせてこそ，力がつく）
- 昭和40年代「教育の現代化」
  （新しい時代にふさわしい内容を学ばせる。集合論の花盛りの時代）
- 昭和50年代「ゆとりと充実」
  （ゆとりある活動を通して人間性を回復する）
- 平成初年代「新しい学力観」
  （自ら考え，自ら判断，表現，行動できる新しい力）
- 平成10年代「生きる力の育成」
  （ゆとりある生活と総合的な学習で生きる力の育成）
- 平成20年代「基礎学力の育成と人間力の回復」
  （基礎学力の形成を図ると共に人間力を回復させ，生きる力を育む──これは，平成13年に私が見通した主張です）

○このように授業への注文が時代と共に変化してきました。
現場実践は，これらの要望の波に追われ大きくうねりながら進められてきました。

⑤ 授業には，不変の原点があります

○腰を落ち着けてじっくり考えてみなければならないことがあります。
「現場実践の何が本当に変わったのでしょうか」
「子どもたちは，生き生きと活動するように変容してきたのでしょうか」
○これらの問いに対して，

第1章　授業をつくる知恵

「子どもたちの学ぶ姿勢が積極的になってきました」
「子どもたちの心の中に温もりのある人間性が育まれてきました」
と返答できる人は，どれだけいるでしょうか。
○授業には，不変の原点があることを痛感させられます。

⑥　授業構想の不変の原則は,「子どもに合った授業の構築」です

○時代の要請を受けてと言われても，目の前にいる子どもたちに合っていない授業を構想しては意味がありません。
○最近は，問題解決型の授業，学び合いのある授業，表現力を伸ばす授業などが現場実践の主流となっています。
○目の前の子どもたちが主体的に問題解決に取り組み，自分たちの考えを出し合い，問題解決を通して新しい知識の構築を行っていけるのであれば，素晴らしい授業です。理想の授業です。

⑦　子どもの実情を見きわめて

○教師の指示も通らない教室，極端な場合は授業中に立ち歩きがある教室では，理想的に描いた授業展開は無理です。
○少し荒れた教室での授業は，スモールステップ型の手堅い授業の方が子どもたちは授業に集中してきます。
○ミニサイクルの小刻みの授業の中で，「ここまでできた！」との達成感を持たせることができます。小刻みの達成感を感得することで，授業の楽しさを徐々に会得していきます。
○このようなスモールステップの授業は子どもたちにとっては，宝物の授業です。
○少し荒れた学級だけでなく，学年当初にも威力を発揮する授業です。
○スモールステップの授業だけではありません。説明型の授業も時には

必要です。教師がきっちり説明する。子どもたちが納得する。納得した事柄を土台に新しい内容の学習に挑戦する。このような授業が必要な教室もあります。

◎今，私たち教師に一番必要なことは，「子どもたちに合った授業づくりをしているか」を自問してみることです。
　授業の構想力を高める方法の大前提となります。

3

授業構想の基本形（思考の流れ）

「子どもの考えに合った授業をつくらないとダメです」と先輩から言われるのですが，どのようにすれば「子どもの考えに合った授業」がつくられるのですか？

◆授業づくりの基本は，「子どもに合った授業をつくること」ですね。頭の中でどんなに素晴らしい授業を描いても目の前にいる子どもたちの実情に合っていなければ，「空想の授業」に終わってしまいますね。

◆問題は，「どうしたら子どもに合った授業がつくられるか」です。

◎「子どもの考えに合った授業のつくり方」を例示しましょう。

「子どもの考えに合った授業」のつくり方
―子どもの思考の流れをつかむ工夫をする―
・思考の流れ図方式
・3人バズ方式
・授業シナリオ方式

◆子どもたちは，問題に接した時，どのように考えを進めていくのか。また，どのようにすれば子どもたちの思考展開が予測できるのか。これらのことをつかむためにずいぶんと苦労しました。

◆子どもの思考の流れをつかむために集中的に実践研究した時期もあります。

◎これらの試行の繰り返しの中から，現場実践に手軽に使える方法を紹介しましょう。

> 思考の流れ図方式

① 先行研究を生かした方法

○実践研究を深める時の鉄則は，まず先行研究から学ぶことです。
○「思考の流れ図方式」は，大阪大学の水越敏行教授との共同研究を通して学びました。
○当時は，理科の実践研究がトップを走っていました。
　私は，算数の実践研究に専念していました。残念ながら，算数科では「思考の流れ」を緻密に分析した実践がありませんでした。
　そこで，水越研究グループに入り，理科を中心に「思考の流れ」を探る方法を学びました。
○そして，理科で学んだ手法をアレンジして算数科へ取り入れました。以下，算数の事例を挙げながら説明しましょう。

② カードに子どもの考えを書き出します

○小さなカードをたくさん準備し，そのカード1枚に1つの考えを書き出します。（今は，便利な付箋紙がありますからそれを利用すれば効率的です。）
○「2／5＋3／4＝□」を具体例に挙げて考えてみましょう。
　この計算を見たとたんに2つの反応が考えられます。
　㋐　そのままたす（2／5＋3／4＝5／9）
　㋑　分母が違っているからできない
○㋐のような考えをする子はいないと思いがちですが，実際には意外に多くの子どもたちはそう考えます。
○㋑のように分母の違いに気づいた子どもたちは，次にどのように考えを進めるのでしょうか。

第1章 授業をつくる知恵

「分母が違う」→「分母が同じ計算はできた」→「分母を同じにできないか」→「分母を同じにする方法があった」→「通分すればいい」→「通分ならできる」→「分母を20にすればいい」

このように(イ)の考えを持った子どもたちは，筋の通った考えをどんどん展開していきます。

○ところが，「分母が違う」に気づいても，「分母を同じにする」という簡単な発想が出ない子もいます。
○また，「分母を同じにする」と気づいても，「通分する」という方法が思いつかない子もいます。
○いろいろな場面を想定しながら，子どもたちが考えそうなことをカードに書き出します。

③ カードに書き出された考えを流れに沿って並べます

$2/5 + 3/4 = □$

* そのままたす　　　分母が違う　←　* 分母が同じ時はできた

　　　　　　分母を同じにすればいい　←　* 気づかない子がいる

　　　　　　通分すればいい　←　* 通分に気づかない子がいる

　　　　　　分母を20にすればいい

$2/5 + 3/4 = 8/20 + 15/20 = 23/20$
　　　←　* 分母だけ揃えて分子をそのままにする子がいる
　　　分母が違う計算は，分母を揃えれば計算できる

○カードを考えの進む流れに沿って並べます。

　カード並べをすると，授業の中心を流れていく思考の筋道が見えてきます。と同時に授業の構成が見えてきます。

④　中心になる「思考の流れ」から外れる考えの手立てを見定めます

○中心に流れていく考えがあります。

　大半の子どもたちは，中心の思考の流れに沿って問題解決を進めます。

○ところが，中心の思考の流れから外れた考えをする子どもたちが必ずいます。

　「異分母のたし算」においても「そのままたす」（分母をたす。分子もたす）と考える子がいます。

○このように中心から外れた子どもたちにどのような手立てを打つかが「子どもの考えに合った授業」をつくる鍵です。

○「分母が違っているのに，そのままたしてもいいの」と巧みな言葉で対応する方法もあります。

　また，「分母が違うということは，単位にしている分数の大きさが違うということでしょう」と理屈っぽく説明する方法もあります。

　しかし，巧みな言葉での対応や理屈っぽい説明では，理解したように見えても，子どもは十分納得していません。

○面積図で2／5，3／4を明示し，2つの面積図を合わせて見ます。

　合わせると1より大きいことがはっきりつかめます。

　計算の5／9は，1より小さくなっています。

　答えと事実とにズレがあることに気づきます。

○このように「思考の流れ」を読み上げていくと，中心になる「考えの流れ」が見えると同時に，中心の考えから外れる子の考えとその方策が見えてきます。

第1章　授業をつくる知恵

このような作業を通して「子どもの考えに合った授業」をつくり出すことができます。

3人バズ方式

◎本格的に子どもの考える筋道をたどる方法も紹介しておきましょう。

少し，手間がかかりますが，子どもの考える筋道を的確に捉えることができます。

（「3人バズ方式」については，金沢大学教育学部の研究紀要に詳しく掲載してあります。）

①　3人の子どもの考えを録音します

○上位グループ3人，中位グループ3人，下位グループ3人を抽出する。各グループに，同一の問題を投げかけます。

放課後，3人で自由に話し合いながら問題解決のバズをさせます。そのバズを録音します。教師は，話し合いには一切関わりません。

○問題解決の話し合いのテープを再生し，話し合いの流れをメモします。

②　録音再生から子どもの考えの流れをつかみます

○録音再生のメモをじっくり読み込んでいくと，子どもの考えの筋道が見えてきます。

○上・中・下位の3グループを比較すると，考えの展開の仕方に大きな違いがあることも手に取るようにつかめます。

○また，どこでどのグループの子どもたちがつまずくかも明確につかめます。フォローの方策の参考にもなります。

〔問題〕「三角柱の体積はどうしたら求めることができるか」

（上位グループ）

どうして求めたらよいのだろう
（既習の考えに結ぼうとしている）
三角形の面積の時と同じようにすればよい
（直方体の求積のしかたを活かそうとしている）
体積は3つの長さをかければよかった
（式に表わそうとする）
底辺×高さ÷2×高さ
（子どもなりの疑問）
高さが2つもある式はおかしい

形を変えてみよう
・底面を正三角形と仮定して
・四角柱に変形して
・直方体の半分になる

三角形の面積に高さをかければいい
（単位になる体積の集まりと考える）
体積はサイコロみたいなものの集まり

三角サイコロの集まり
（子どもなりの意味づけ）

（本が積み上がったみたい）
底面積×高さ　　　　底面が高さ分だけ動いた

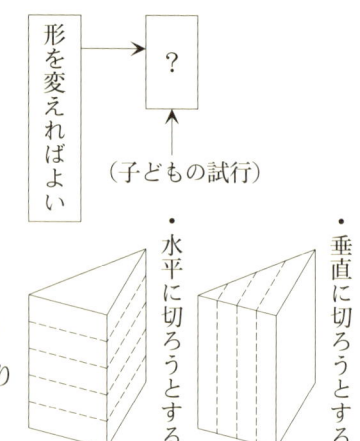

③　子どもの考えが見えます

○バズの人数は，3人が最適です。4人にすると2つの派に分かれ，自分たちの考えに固執し，話し合いが発展しません。
○バズの録音に聞き入っていると，子どもの考える筋道が手に取るように見えてきます。
　また，「こんな発想もするの」と驚かされる場面にも出会います。
○「3人バズ方式」は，子どもの考えを知るいい方法です。
　是非一度試みてください。
○時間と手間がかかることが「3人バズ方式」の難点ですが，何回か試みていると子どもの考え方が見えてきます。
　子どもが見える教師になれます。

授業シナリオ方式

◆「思考の流れ図方式」に合わせて，カードを書き，書き溜められたカードを流れに沿って整理します。
　「3人バズ方式」は，子どもの考えを的確に把握できますが，手間と時間がかかり過ぎます。
◆「思考の流れ図方式」「3人バズ方式」の難点をクリアし，現場実践で誰でも手軽に「子どもの考えに合った授業」をつくり出す方策としてやっとたどり着き，考案した方式が「授業シナリオ方式」です。
◆「授業シナリオ方式」は，誰でも手軽にできます。
　しかし，熱意が必要です。
　若い先生方に「この方法はいいよ」と紹介しても，「いいですね」だけで試行しない先生が増えているように思います。
　教育とは，「やってみて勝負」，「実践して勝負」です……。

① 理想の授業の展開イメージを書き出します

○準備は，簡単です。
　わら半紙を縦半分に折り，左側を教師の活動，右側を子どもの反応として区分します。
○「これでいいだろう」と見定めた問題を左右に広げた紙に書き込み，赤色で囲みます。
○さて，この後で絶対に注意すべきことがあります。
　「授業がこんなにうまく進むわけがない」と考えないことです。
　自分が思い描いたように最高の調子と反応で授業が展開されていくと仮定し，メモを書き足していきます。
　「理想的に描く」──これが「授業シナリオ方式」の最大のコツです。
○これだけ「理想的に描く」と念を押しているのですが，「つい，そんなにうまくいきませんよ」と諦め，目の前の子どもたちのことにとらわれ小さくまとめてしまう方がおられます。
　大胆な発想と柔軟な思考をめぐらせることの中にこそ，目の前の子どもたちを変容させていく大きな鍵を見出せるのです。
○とにかく，最後のゴールまで理想の授業展開をイメージしながら，「教師の働きかけ」と「子どもの反応」を書き込んでいきます。
　何度か試みていると，スイスイ流れる授業に気分も最高に楽しくなってきます。

② 理想のシナリオに吟味を加えます

○授業の理想的な授業展開のシナリオを完成させたら，次に吟味を加えます。
　この時に「そんなにうまく流れるわけがない」という見方をします。
○どの場面で子どもたちの反応が理想とズレるのか。

どのようなズレが生ずるのか。

どの子にも起こるズレか。それとも一部の子のズレなのか。
○教師の働きかけで無理な点はないか。

日々の指導とかけ離れているところはないか。
○個への対応の仕方で工夫すべき点はないか。

このような観点から理想的に描いた授業シナリオに細かく吟味を加えます。

③ 吟味された授業シナリオから確かな授業構想が浮かび上がってきます

○理想的に描いた授業シナリオに吟味を加えていくと、子どもの考えに沿った授業の展開が見えてきます。
○「思考の流れ図方式」や「3人バズ方式」と違って手軽にできます。また、授業の流れを描いたり、子どもの考えを予測したりすることが無理なくできます。

授業シナリオの見本―小2算数「直角さがし」―

教師の働きかけ	理想的な子どもの反応
（提示）封筒を見せる 「何が出てくるのかな」 　・ゆっくり引き出していく 「いくつ出てくるかな」 「ほんとに4つ出てくるかな」 「4つ出てくるといいね」 　（1箇所だけ直角でない形） ＊直角探しへの興味づけ	・出てくる形に集中する。 ・「直角だ！」（前時とつなげる） ・「3つだよ！」「4つだよ！」 　（画用紙を予測して考える） ・「四角い紙だから、4つだよ」 ・「へー、そんなのあり？」 「直角のところ、一杯あるよ！」

4 授業構成の2つの軸

授業の組み立てが固定化し，子どもたちが主体的に追求する楽しい授業がつくれないのですが，幅の広い授業を組み立てる方法があるのでしょうか？

◆子どもたちが生き生きと活動し，豊かに学んでくれることを願いながら授業を構想し，実施します。
　ところが，教師が願っているようには，子どもたちは柔軟に思考し豊かに学習を進めてくれないことが多いですね。
◆豊かに学ぶ授業をつくるには，2つのことを考えておく必要があります。

◎授業そのものの組み立てと，もう1つは，子どもの思考の広がりです。ここでは，まず授業の組み立てについて考えてみましょう。

豊かな授業を構想する秘訣
・授業の広がりを決定する2つの軸がある。
・「課題軸」と「方法軸」のバランスの取り方で授業の広がりが決まる。

授業の広がりを決める「課題軸」と「方法軸」

① 授業を構成する2つの軸があります

○子どもたちが豊かに学ぶ授業をつくるには，課題と方法，2つの方向バランスをどのように設定するかが決め手です。

第1章　授業をつくる知恵

○課題と方法の2つの軸にどれだけの自由さを持たせるかによって，広がりのある授業展開になるかどうか決まります。
○ところが，私たちは，授業の広がりを決定づける2つの軸を意識せずに授業を組み立てていて，「子どもたちが，豊かで広がりのある学習を進めてくれない」と愚痴ることがよくあります。

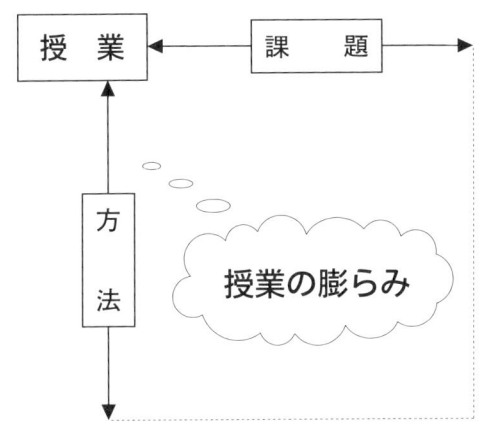

②　「課題軸」と「方法軸」の自由さで授業の広がりが決まります

○課題に広がりのある自由さを持たせるか。それとも，固定してしまうかによって，授業の広がりが全く違ってきます。
○課題に自由さがあると，1つの結論を導き出した後に，課題に手を加え変形させることができます。
○課題の変形によって，新しい追求活動が展開されます。そこから導き出される結論は，確かなものであり，広い概念を形成します。
○また，方法に自由さがあると，追求方法に多様さが生まれ，追求活動にも広がりが出てきます。いくつもの攻略方法から導かれた結論には，深みと厚みがあります。

○このように，課題と方法の2つの軸に沿って，どれだけの自由さを持たせるかが授業の豊かさを大きく左右します。

授業の膨らみをつくる事例

① 課題の軸について考えてみましょう

○(ア)「三角形の面積の求め方を考えよう」
　(イ)「どのような三角形の面積も手軽に求められる方法を見つけよう」
○(ア)(イ)どちらの課題で授業をスタートさせますか。
○通常は，(ア)の課題を設定しますね。
　その上，三角形も底辺の上に頂点がある自然な三角形を提示します。
○(ア)の課題は，**閉じた課題設定の仕方**です。
　いくつかの求積方法が出されます。
　その後，「でも，このような三角形でも面積が求められますか」と頂点が底辺の上から外れている三角形を改めて提示し，考えさせます。
○このような授業の組み立てが一般的です。
○ただ，意識していなければならないことは，このような授業においては，課題の軸に大きな制御を加えているということです。
○(イ)の課題設定で授業をスタートする方は滅多にいないと思います。
　(イ)の課題は，**開いた課題設定の仕方**です。
　子どもたちが自力で追求する力がよほど育っていないと設定できない課題です。
○滅多に見られない課題の設定ですが，教師なら一度は，このような課題設定の下での授業展開を試みてみたいものですね。

第1章　授業をつくる知恵

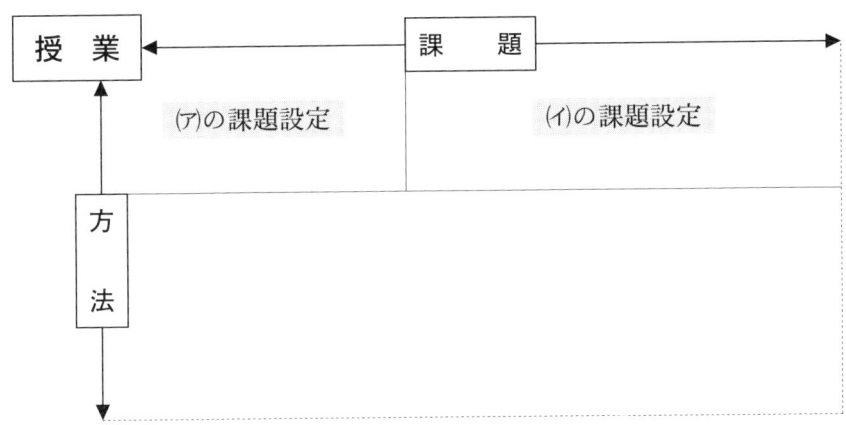

② 次に，方法の軸について考えてみましょう

○三角形の面積の求め方を探る場面です。
　㋐　三角形を平行四辺形に直せないか考えてみましょう。
　㋑　これまでの学習を生かして，求め方を見つけ出しましょう。
　あえて，㋐㋑の2つの切り込み方を挙げてみました。
　㋐は閉じた設定の仕方，㋑は開いた設定の仕方です。
○さて，皆さんは㋐㋑のどちらの方法で授業を進めますか。
　おそらく全員㋑の方法を選ばれると思います。
○三角形の面積を求める方法には，等積と倍積の2つの方法があります。
○また，変形する形は，長方形と平行四辺形との2つです。
○その上，高さを半分にして変形する場合と底辺を半分にして変形させる場合とがあります。
○変形する方法，変形する形，変形のやり方を組み合わせると三角形の面積を求める変形方法は，たくさんあります。
○子どもたちに自由に求め方を探らせます。
　「平行四辺形に直して求め方を考えてみましょう」とは言いません。

○方法軸を開いています。
　方法軸に自由さを持たせて，授業に膨らみをつくり出しています。

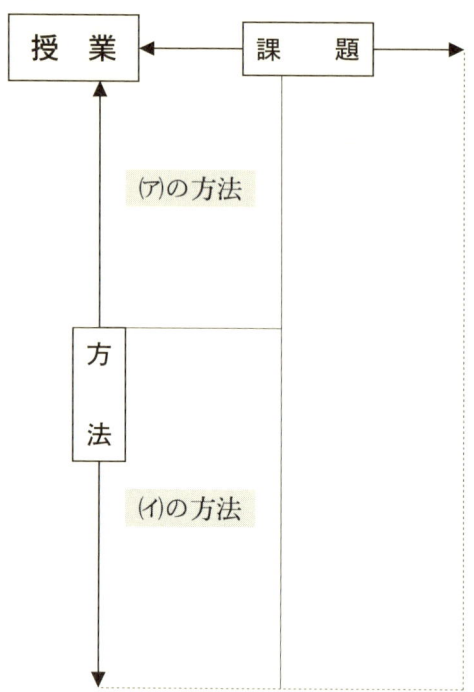

③　2つの軸のバランスは，子どもの力に合わせて決める

○三角形の面積を求める事例で「課題の広がり」と「方法の広がり」について考えてきました。
○授業を構想し組み立てる時，「授業構成の2つの軸」を踏まえることが重要です。
○2つの軸を意識することによって，膨らみのある授業がつくり出せます。その上，どこにポイントを置いた授業を構成しているのか，授業の焦点化も明確になります。

○「この授業で，この方法しかダメです」というものはありません。
　子どもの実態，子どもの学習力によって選択します。
　何を見定めて選択するかが，教師の構えと力量です。

◎「授業を2つの方向で考える」——**長い実践経験からたどり着いた結論です。**
　皆さんがこれから授業を構想・組み立てられる時，「授業構成の2つの軸」を常に意識されることを熱望します。
　そして，子どもたちに合った豊かな授業を創造されることを期待しています。

授業構想のポイント

子どもたちが楽しく学び合う授業を組み立てたいと思っているのですが，授業を組み立てる際に大切な事柄は，どんなことですか？

◆授業構想を描こうと思っても，何の手がかりもなしでは描けませんね。しかし，あまりにも形にとらわれていると，独創的な楽しい授業は描けません。

◎ここでは，最低限度の4つのポイントとなることだけを挙げてみましょう。

授業構想づくり4つのポイント
① 課題（問題）設定をきっちり行う。
② 子どもが喰いつく素材を探す。
③ 活動内容を吟味する。
④ 子どもが燃える発問を工夫する。

① 課題（問題）の設定に関して

○課題の設定は，授業のスタートとなりますね。ですから，課題をどのように設定するかによって授業の展開が大きく変わります。
○課題をきっちり設定するためには，当たり前のことですが，授業のねらいとの関係をしっかり吟味する必要があります。
○授業のねらいは，教材分析から明確になります。教材をどのように解釈するか，教材の中核になる考えは何か。これら教材の基本的な分析を行うことによって，授業のねらいが浮き彫りになってきます。

○このように述べてきますと，課題の設定が授業構想づくりの第一に手がけなければならない作業のように受けとめられがちです。
　「あ～あ，難しいな」「理屈っぽくて，気が重くなるな」と言いたくなりますよね。
○でも，そんなに気を重くしないでください。
　課題の設定は，大切な作業ですが，課題の設定から手がけることはありません。
　課題の設定を後回しにして，楽しい活動を思い描くことから授業構想を立てていくこともできます。むしろ，活動の流れを豊かにイメージした方が楽しく授業の構想を描けます。
○もともと，物事を構想する作業とは，事柄を組み合わせたり，連想したり，逆から仕組みを見直したりすることです。
　ですから，楽しい活動を連想している間に「どのような課題を設けて切り込めばいいのか」と問い直します。その時，課題の設定に関して吟味すればよいのです。

②　素材の選定に関して

○「授業のネタさがし」とよく言われるように授業にどのような素材を選定するかは，楽しい授業，知的に燃える授業づくりには欠かせない作業です。
○「授業の素材（ネタ）」は，日頃から物事に広い関心を持ち，体裁に縛られずに見聞を広げていないと見つかりません。考え出したとたんに，即，見つかるものではありません。
○素材の選定に当たっては，次の２点に気配りする必要があります。
　「素材にどのような広がりの仕組み（論理）がふくまれているか」
　「素材は，新しい学習の発想の原点を培うか」
　これについては，「素材の選定」の項で詳しく述べます。

③　意味のある活動探し

○子どもたちは，聞いたり，話し合ったりしながら学びます。また，見る，触る，分けるなどの作業活動を通しても学びを広げます。
○どのような活動をさせるかによって授業は大きく変わります。
○教えたい事柄を見定め，子どもたちが実際に活動している場面を思い描くことは楽しい創造の世界です。
○しかし，子どもたちの学習活動を無造作に素手で描こうとしてもイメージがわいてきません。活動イメージを描くにも方法・コツがあります。
○「教えたい内容」と「行動言語」とを結びつけて活動イメージを描く。この方法については，後で具体事例を挙げて述べますが，活動イメージを描く上での秘伝の方法です。長い年月をかけ，実践を通してつかみ出した方法です。
○後述する方法などを駆使して，楽しく授業のイメージを膨らませて行きましょう。授業を構想する一番楽しい作業です。活動イメージを膨らませることを通して，授業構想づくりのエネルギーを培いましょう。

④　発問づくり

○授業の展開，思考の進展を決定づけるものは，発問ですね。発問の重要さは，日々の授業を通して常に痛感させられますね。
○授業成功を左右する発問をどのようにしてつくるか。ここがなかなか見えてこないところですね。教師皆「発問は大切」と意識しています。でも，「では，発問はどのようにしてつくりますか」と正面から問われると即答できませんね。
○これも後で詳しく語りますが，発問をつくる方法・コツがありそうですね。

第1章 授業をつくる知恵

○教科, 教材によって異なり, 一般化した普遍の方法はなかなか見つかりませんが, 発問のつくり方はあります。私の提言を基に, 皆でより普遍性のある方法を探って行きませんか。

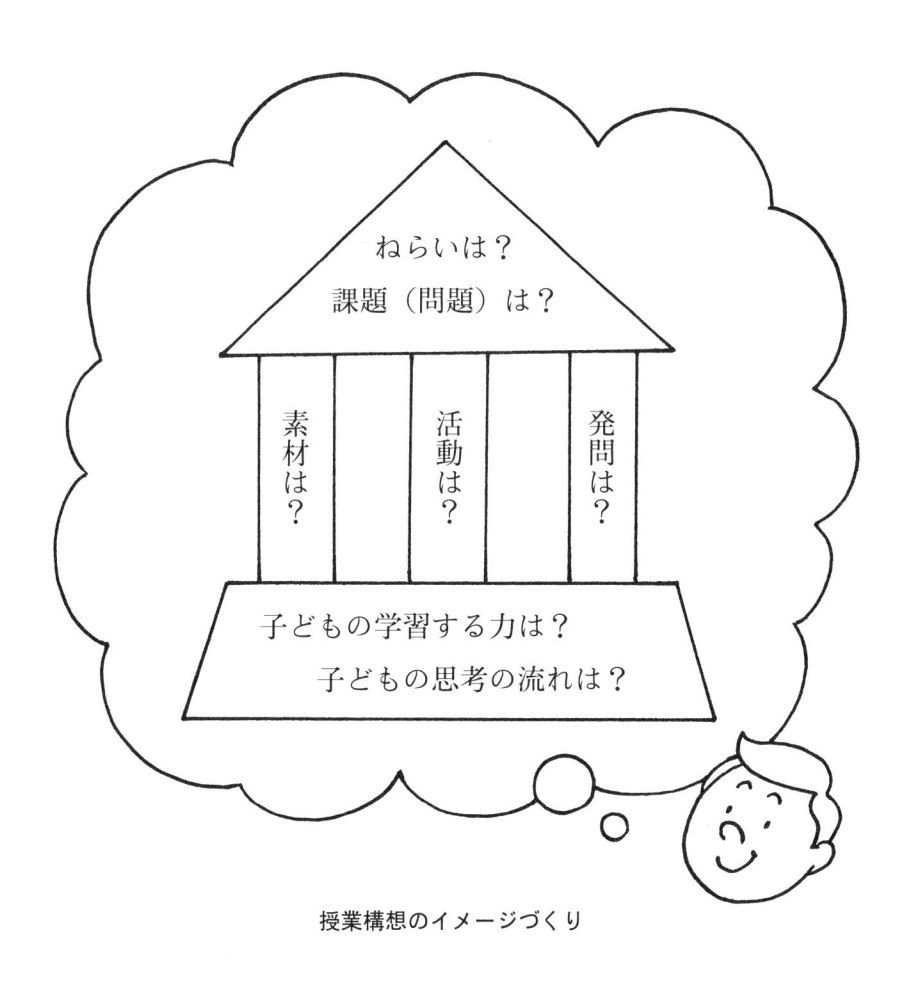

（神殿状の図）
- 屋根：ねらいは？ 課題（問題）は？
- 柱：素材は？ 活動は？ 発問は？
- 土台：子どもの学習する力は？ 子どもの思考の流れは？

授業構想のイメージづくり

6 教科書を生かして授業を構想する

　授業を組み立てる時，教科書を基にしているのですが，教科書の上手な利用方法はありませんか？

◆授業組み立ての基本に教科書を据えることは，適切なやり方ですね。教科書は，その道のプロ中のプロが執筆したものですからしっかりした指導のプロセスを示しています。
　ただし，教科書は標準的な指導過程を提示したものであり，また，教科書会社の姿勢によって指導の流れに違いがあります。

◆教科の特色によって教科書の生かし方もいろいろあります。
　授業の流れの参考にとどめる教科。教材文として生かす教科。資料的な扱いとして生かす教科など……。教科・教材の特色によって様々な生かし方があります。

知恵袋

教科書を生かした授業づくり
① 教科の特色に合った生かし方をする。
② 教科の教材分析法に即した生かし方をする。

◎算数科を例に教科書を生かした授業の構想づくりについて詳しくお話しましょう。
○長い年月をかけてつかみ出した「秘伝の手法」です。
　算数科の特色を踏まえた手法で，誰にでも手軽にできます。
　算数の教科書の見方と生かし方を知り，楽しく授業を組み立てられる教師になれます。

①　算数の教科書の特色を最大限に生かします

○「算数の教科書。最大の特色は，何でしょうか」
○きわめて簡単なことです。
　練習問題やたしかめ問題が記載されていることです。
　国語科や社会科などの教科書には，練習問題やたしかめ問題が記載されていませんね。

②　問題が記載されている特色を生かすことがポイントです

○まず，教科書に出ている問題を分析します。（私は「問題分析」と名付けています。）
○次に，記述されている流れを分析します。（「記述分析」と名付けています。）
○「問題分析」→「記述分析」と作業を進めます。
○このように作業を進めると，授業のねらいや授業の流れが見え，授業の組み立ての最高の手がかりが得られます。

③　「問題分析」の手順を示します

○教科書の問題をすべて，1枚のカードに1問ずつ書き写します。
○問題のカードをレベル分けします。（同じレベルの問題は1つに。）
○レベル分けしたカードのグループごとにネーミングします。
○これだけの作業をすると，「このような質の問題を解く力をつければいい」という，授業のねらいが具体的に明確になります。
○「問題分析」は，授業のねらいを具体的につかむ最高の手法です。

④　次に「記述分析」の手順を示します

○どのような素材（問題場面）を提示しているか。

○どのような「小問」をしているか。
○「小問」をどのように積み重ねていっているか。
○小問の間に，どのような「誘いかけのヒント言葉」を入れているか。
○また，どのような図解を取り入れているか。（絵図，線分図等）
○最後に，どのような言葉で学習をまとめているか。
　これらのことを記述の流れに沿って細かにメモします。

⑤ 「問題分析カード」と「記述分析カード」との関連を調べます

○「問題分析」のカードを上段に貼り付け，下段に「記述分析」のメモカードを貼り付けます。
○2種類のカードを整理すると，授業のねらいとそれに到達するための指導手順が目ではっきりと見えるようになります。
○ここまでの基礎作業をした上で，自分の学級の子どもたちの状況を勘案し，具体的な指導の流れを組み立てます。

⑥ 「問題分析」・「記述分析」の威力

○「問題分析」→「記述分析」と進める作業が教科書を有効に活用する方法です。是非試みてください。「問題分析」・「記述分析」の威力が分かります。
○この分析方法と授業の組み立てへの生かし方は，私の長年の実践からつかみ出した方法です。また，算数科の教科書の特色を生かした現場的な方法です。
○この方法を手軽に行うためには，**「自分の教科書」**を持つことをお勧めします。
○「自分の教科書」を1冊持っていれば，問題をカードに書いたり，記述をメモしたりする必要がなくなります。

第1章　授業をつくる知恵

「自分の教科書」の中に囲み線や矢印，メモ，要点などを自由に書き込んでいけます。
○書き込みによって，写す手間がかからず作業能率が上がります。その上，書き込んだ「自分の教科書」が実践の記録として立派に残ります。

⑦　教科書を生かすコツ

○「記述分析」を行っている時，特に注目すべきことは，「誘いの言葉」です。
○どの教科書会社もキャラクターを使い，吹き出し型で記述しています。
　「どこを見ればいいの……？」
　「前とどこが変わっているかな？」
　など，「ささやき風」に書かれています。
　このささやき風の「誘いの言葉」が授業を進めていく上での大きなヒントとなります。
○授業の途中に行き詰まった子への誘導の言葉（個別の助言）として生かしたり，「ヒントカード」として生かしたりすることができます。

⑧　いただけない「教科書活用法」

○このような教科書の使い方は避けましょう。
　「今日は，教科書の○ページをします」
　「教科書を開いて……」
　「問題を読んでください」
　「では，教科書の問題を写しなさい」
　「……」
○極端な例を持ち出しましたが，このような教科書の使い方では，プロの授業になりません。
○プロ教師なら，プロ教師にふさわしい教科書の分析技量を身につけ，

教科書をアレンジし，子どもの目が輝く授業を組み立てたいものですね。
〇教科書を上手に使いこなし，忙しい教師の時間に少しでも，ゆとりをつくり出すように工夫しましょう。

（注）「問題分析」→「記述分析」の手法は，『算数科における〔数概念の理解〕と〔計算の習熟〕を直結させた指導方法』のテーマで，電子通信学会でも発表し，「現場で使える手法」として賛辞をいただきました。
　　　私の実践の累積から生まれた「宝物」の1つです。

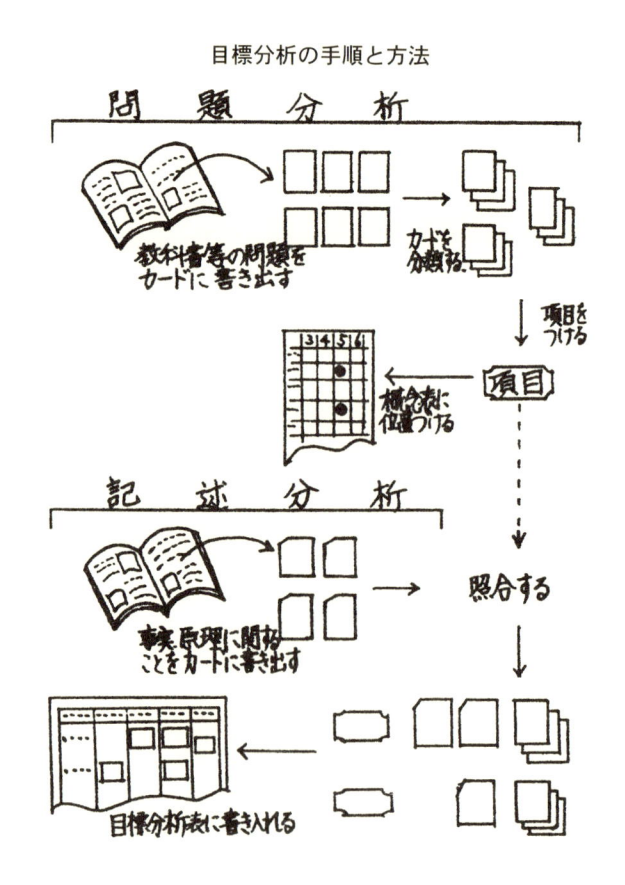

目標分析の手順と方法

7 授業構想づくりは，本時部分から

「どのような授業にしようか」と考え出す時，単元の初めから考えていくのでしょうか。初めからだと途中でしんどくなるのですが，いい方法はありませんか？

◆「この単元の目標は？」「単元の評価基準は？」ときまじめに構え過ぎると，途中で息切れしてしまいますね。
◆どの教科，どの教材にもポイントになる授業，山場の授業というものがあるものです。公開される授業のほとんどは「山場の授業」ですね。
◆ですから，単元の頭から構成を考えなくてもいいということです。

知恵袋

授業構想づくりの切り込み方
山場の本時部分から手がけると気軽にできる。

① 試みたい授業を大切にします

○「ここの授業をしてみたいなー」とふっと思いつきますね。そこからスタートすればいいのです。
○授業を構想するとは，授業のイメージを膨らませることですから，思いついたところから出発すればいいのです。
○やってみたい授業が決まると自然にあれこれと考え，ぐんぐんイメージが広がり出すものです。
○ここで大切なことは，「こんなことをしていて授業になるのだろうか」「そんなに簡単に授業が進むだろうか」などと，否定的なことを考えないことです。
○イメージを精一杯楽しみながら膨らませることです。

○「うまく行かない」「うまく行く」は，後から吟味すればいいことです。

②　授業を構想することは楽しいことです

○授業を構想するとは，イメージを膨らませることです。
　「ここで動作化させると，主人公の気持ちの変化を深く読み取れる」
　「ここで本物の花を見せると，予想との違いに驚きの声を上げる」
　「この授業に体験的な活動を取り込むと，量感を膨らませられる」
○このように何にもとらわれずに，授業イメージを膨らませていきます。楽しい創造の世界です。
○授業のイメージを自由に膨らませていると，ハッと思わぬアイディアがひらめきます。
　その時が勝負です。
　すかさずメモを取ります。
　そして，ひらめきのアイディアの意味を問い詰めていきます。
　アイディアの意味の追求から，授業のねらいが見えてきます。

③　問い詰めから生まれた宝物

○私が２年生を担任している時，毎日「たし算やひき算」のやり方を教え，繰り返しの練習を続けていました。子どもたちは，正解の丸をもらって喜んでいます。
○しかし，「この子どもたち，算数のおもしろさを本当に味わっているのだろうか」と疑問を感じました。
○「低学年の子どもたち，もっと体を使った学習を通して，この時期にしか体得できない，大切な感覚の習得があるのではないだろうか」
○「体を使って体得する算数」という言葉が頭から離れず，あたため続けていました。

○２年生の算数「三角形」の授業のイメージを楽しく描いていました。
「もっと，感覚を活かした授業を！」
体操服を袋から取り出している子どもの姿を見た時，とんでもないアイディアが膨れ上がりました。
袋から体操服ではなく，三角形を取り出せたら……。こんな授業ができないのか……。
○このひらめきを突き詰め，「袋から三角形を取り出す秘密をさぐる授業」としてまとめ上げ，校内研修会の授業として実施しました。
○三角形を弁別する，ストローなどを使って三角形を作る授業が一般的だった時期です。
「袋から感覚を使って三角形を取り出す授業」は，参観の先生方に大きな驚きを与え，授業後の意見交換も白熱しました。
○この授業事例をより理論的に突き詰め，５年後には，「活動型授業の組み立て方」という方法を確立させました。（後述します。）

④ 「やってみたい！」と思うところから手がけます

○私の経験からしても「授業は頭部分から組み立てなくてもいい」と言い切れます。
○「この単元の目標は……」から構想を練り上げていくのではなく，「やってみたい！」と思うところから手がけ，イメージを膨らませていく。
これが，「授業構想づくりのコツ」です。

⑤ 授業構想の詰め方

○「やってみたい！」と思う授業のイメージが固まってきたら，次のように授業の詰めへと進みます。
○この授業の主なるねらいは，何か。

○イメージした活動でねらいを達成できるか。
○事前の流れは,どのようになるか。
○事後の流れは,どのようになるか。
○単元全体では,どのような構成になるか。
○単元の目標は,達成できるか。

　このように小さいところを突破口に単元全体へと広げ,詰めていきます。

⑥ 本時主義が出発点

○このようなやり方を「本時主義」と批判する方もおられます。
　「単元全体を見る目が必要です」と強調する方もおられます。
○しかし,授業を構想するエネルギーは,「やってみたい！」と思った授業のイメージを膨らませることからわき上がってきます。
○構想するエネルギーのわかない理屈だけでは,授業を豊かに構想することはできません。

◎授業を構想することは,教師の最高の創造活動です。
　授業の絵が描ける「創造教師」をめざしましょう。

8

豊かな学習活動を生み出す方法
―― 4層の活動読み込み方式 ――

> 最近の授業は，問題解決型の授業ばかりが主張されていますが，子どもたちともっと楽しく学ぶ学習活動をつくるにはどうしたらよいのでしょうか。いい方法はありませんか？

◆いいところにお気づきですね。「授業は，問題解決型でなければならない」という原則はどこにもありません。

「問題解決の能力を高める必要がある」「もっと活用力を高める必要がある」との要請から，最近の授業パターンは，問題解決型が主流となっています。

◆ところが，問題解決型の授業は，必ずしも子どもたちが楽しく学べる学習とは断言できません。子どもの実情，教材の内容によっては，もっと豊かな学習活動の中で楽しく学ばせる授業展開もあり得ます。

◆大切なことは，授業をパターン化するところにあるのではなく，子どもたちに楽しく豊かに学ばせるところにあります。

どこで問題解決型の授業を取り入れ，どこで楽しい活動型の授業を取り入れるか。その見きわめをすることが大切な点です。

知恵袋

豊かな学習活動を生み出す方法
① 学習活動には，4つの層がある。
② 「活動読み込み表」の活用

学習活動の4つの層

◆「子どもたちに楽しく学ばせたい」という熱い想いを持ち続け，長い

年月をかけて実践研究を進めてきました。
校内での実践研究活動，2回の内地留学，大阪大学の水越敏行教授との共同研究等を通して「学習活動には4つの層がある」とまとめることができるようになりました。

◎授業ビデオの分析，授業への熱い挑戦からつかみ得た考え方です。
　豊かな授業づくりに必ず役に立ちます。

①　多様な学習行動

○1時間の授業ビデオをじっくり見てください。
　たった1時間の授業の中で子どもたちは多様な学習行動に取り組んでいることに驚きます。
　少し例を挙げてみましょう。
- ごくふつうに行っている学習行動（見る，聞く，書く，読む）
- 考える場面で行っている学習行動（図を描く，線で囲む，矢印でつなげる，吹き出しを書く）
- つくる場面で行っている学習行動（粘土の玉で作る，紙を折る，切る，角を合わせる，上に紙を載せ写す）
- 調べる場面の学習行動（ものさしなどで測る，同じものを集める，資料で探す，辞書を繰る）
- 話し合いやまとめの場面での学習行動（数式や表で説明する，記号で表す，言葉で伝える，公式でまとめる）

○このように授業の各場面で，子どもたちに多種多様な学習行動をさせていることが分かります。

②　学習活動（行動）の4つの層

○授業の各場面での学習活動（行動）は，4つのレベルの層に分けて整

○これまで，「教える内容」と「行動言語」と結びつければ授業の活動イメージが描けることは分かっていました。

しかし，誰もが活動イメージを描けるようにするためには，もっと組織的な方法が必要であると考えていました。

○授業の各場面での学習活動の分析作業と組織的な方法を探る作業とが，思いもかけぬ奇跡的な出会いから1つにドッキングし，「4つの層」にまとめ上げることができました。

○私は，「発想法」とか「頭の使い方」とかいった本を読むのが大好きです。

ある日，『頭をやわらかくする本』（坂川山輝夫著，ぱるす出版）に目を通していました。

その中で「手考（hand thinking）」という言葉に出会いました。

「手考」という言葉に出会った瞬間，「これで，できた！」と飛び上がりました。5年程，あたため続けてきたことが，「手考」という言葉を手がかりに一気に組織立てて見えてきました。

○このような劇的な出会いから生まれたのが，次に上げる「4つの層」です。

活動の4つの層

頭考レベル（頭で考える活動）	言葉，数式，記号を使って
視考レベル（目で考える活動）	図式，矢印，囲み等視覚で
手考レベル（手で考える活動）	集める，写す等，手を通して
体考レベル（体で考える活動）	持つ，動作化等，体を通して

③ 「活動の4つの層」の威力

○「手考」をヒントにつくり上げた「活動の4つの層」における「頭考」「視考」「体考」は，私の造語です。
○授業の各場面での学習行動を「思考の手段」と結びつけて整理しました。
○「活動の4つの層」は，「活動の読み込み表」の素地となり，活動イメージを描く手がかりとなります。現場実践を充実させる威力があります。

活動の読み込み表

活動の読み込み表（モデル型）―小3算数「大きな数」―

ねらい・内容	1万の大きさをつかませる
授業展開における問題点	1万の大きさを実感をもってとらえさせることが難しい
頭で考える活動 （頭考レベル）	1000×10　　8000＋2000　　9999＋1 （既有の数の大きさと結びつけて）
目で考える活動 （視考レベル）	100×100の方眼の広さを見て1万の大きさをつかむ
手で考える活動 （手考レベル）	タイルを並べ1万の広さをつくる
体で考える活動 （体考レベル）	わら半紙1万枚を持ち上げ，重さで1万を体感する

（3年生の子どもたちに「1万の大きさ」を捉えさせる活動の例を挙げてみました。）

◎「活動の読み込み表」の使い方についてお話しましょう。

① 指導する内容とねらいをはっきりさせます

○授業展開のイメージを膨らませるのですが，当然まず行うことは，指導する内容とねらいの明確化です。これは，どのような授業方策を立てる時も同じことです。

○次に，「授業展開における問題点」を取り上げます。
問題点がないのなら，ことさら授業に大きな工夫を加える必要はありません。
ところが，実際に授業を構成しようとすると必ず問題点が出てくるものです。「問題のない授業はない」と言い切ってもいいほどです。

② 想定できる活動を読み込みます

○「4つの層」で枠組みされている「活動の読み込み表」を使って，ねらいにせまるための活動を思いつくままに読み込んでいきます。

○前ページの「1万の大きさをつかませる」事例を基に少し説明しましょう。

○1万という大きさは，いろいろな活動を通してつかませることができます。
これまでに学習した「千までの数」を使ってつかませることもできます。
1000が10個で1万。5000と5000とで1万。
9999に，あと1つで1万。8000と2000とで1万。
これらの活動は，よく見るとどれも抽象的な数，記号を使ってつかませる活動です。まさしく頭で考える「頭考レベル」の活動です。

○1万という大きさは，方眼を1万個並べた広さを見て実感させることもできます。この活動は，「目で見て考える」（視考レベル）の枠に入ります。

○手を使って1万の大きさを実感させる活動はないのでしょうか。

　タイルを縦に100個，横へ100列並べれば実感させられます。

　さらに，「体を通してつかませる活動」（体考レベル）では，わら半紙1万枚を持ち上げさせる活動が浮かび上がります。

　（私の実践から，子どもは，わら半紙4000枚までを持ち上げるところが限界と分かりました。）

○このように，「活動の読み込み表」の枠組みを手がかりに思いつく活動をどんどん書き込んでいきます。

　「こんな活動は，意味がない」「こんな活動はできない」などと考えずに，思いつくままに書き込んでいくことがこの表の活用のコツです。

③　「活動の読み込み表」から活動の流れをつくり出します

○「活動の読み込み表」へ思いつきの活動をすべて書き込む作業が終了したところで，活動の流れをつくり出します。

○まず，学習できっちり押さえるべきことを整理します。

　「1万の大きさ」を例に挙げれば，次の5点です。

　(ア)　1万の位

　(イ)　1万の大きさの表わし方

　(ウ)　1万の大きさをつかむ

　(エ)　1万の十進構造

　(オ)　千万までの十進構造

○学習で押さえるべきことを頭に置きながら「連続性のある活動の流れ」が生まれるように，「活動の読み込み表」に書き込んだ活動の中から有効な活動を取り出してつなげます。

　一気に「連続した流れ」は生まれてきません。何回か活動の選択と組み合わせを繰り返している間に，「連続性のある活動の流れ」が組み上がってきます。

第1章 授業をつくる知恵

活動の読み込み表（アレンジ型）

	「万」の単位の必要性	「万」の大きさ表記	「万」の大きさ把握	「万」の十進構造	「千万」の十進構造
問題点	・大きい数への興味づけがむずかしい。	・13400を103400と表したりして位取りをつかませにくい	・10000の大きさを実感をもってとらえさせにくい。	・10000の十進構造に興味づけることがむずかしい。	・10000をもとにしてくりかえされるしくみをとらえさせにくい
直接行動による活動	羊の袋、1000札13枚、100玉4枚「いくらあるか数えてみましょう」 教える		「一万円を開いてみよう」（一万と重さ） 感ずる		
具体物の操作活動	万 千 13 新しいお家	万千百十一 13400	(一万の方眼) 100cm × 100cm 見る 感ずる	① ×10 ⑩ 100 1000 10000	1万 ×10 10万 10万 100万 100万 1000万
数、文字を主とする活動	1つの家には9までしかはいれない。	13400 万の位 1万 2万	「一万をさがそう」 5000×2 1000×10 9999+1 8000+2000 ゲーム	1×10= 10 10×10= 100 100×10= 1000 1000×10= 10000	1万×10= 10万 10万×10= 100万 100万×10= 1000万

○一見手数がかかる方式のようですが，一度行ってみると「活動の読み込み表」は，活動をつくり出す大きな手がかりとなりスムーズに作業が進みます。

○また，連続した活動の中で，自分の考えを持たせ，論理を見つけ出させる授業を組み立てることができます。

④ 「活動の読み込み表」の利点

○各種の研修会等で「活動の読み込み表」について紹介してきました。この表の方式を試みた方々から「行き詰まった時，新しいアイディアを考える手がかりになります」などのうれしい反応を聞きます。

○皆さんからの反応をもとに「活動の読み込み表方式」の3つの利点についてまとめておきましょう。

① 活動イメージを描く手がかりがつかめます。

普通の状態で授業の活動を模索していると，頭考レベルか視考レベルの活動しか見つけられません。

ところが，「活動の読み込み表」があると，「手考レベル，体考レベルの活動はないか」と幅広い活動を見つけ出す手がかりとなります。

漠然と探っていても，そんなに簡単には見つけられません。

素手で考えを生み出すことはできません。

「活動の読み込み表」は，アイディアを生み出す大きな手がかりとなります。

② 活動イメージの枠が広がります。

授業のねらいが達成できるか，授業がうまく流れるかという思いばかりに縛られ，子どもたちに楽しく豊かな学びをさせられない。そのような時，この表は，固定しがちな活動のイメージを広げてくれる大きな手がかりとなります。

③ 素材探しにも活用できます。

活動の読み込み表は，「素材探しのネット」にもなります。

このネットを持っていると，日常生活の中で，思いもかけぬ素材を見つけることができます。

素材を探すのではなく，素材が自然に引っかかってくるように思います。素材探しが楽しくなります。

第1章 授業をつくる知恵

活動の連続性を重視した授業の構成図

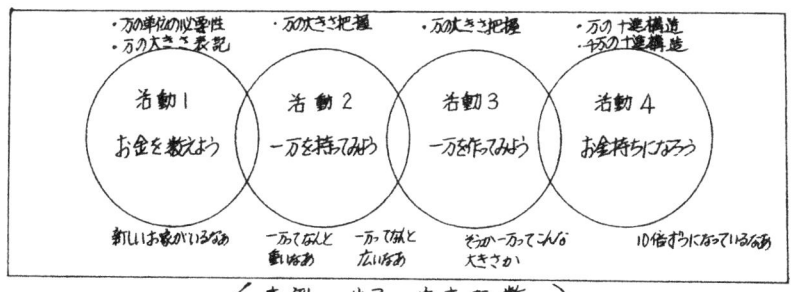

・万の単位の必要性　・万の大きさ把握　・万の大きさ把握　・万の十進構造
・万の大きさ表記　　　　　　　　　　　　　　　　　　　・千万の十進構造

　活動1　　　　活動2　　　　活動3　　　　活動4
お金を数えよう　一万を持ってみよう　一万を作ってみよう　お金持ちになろう

新しいお家がいるなあ　一万てなんと重いなあ　そっか一万ってこんな　10倍ずつになっているなあ
　　　　　　　　　　一万てなんと広いなあ　大きさか

〈 事例　小3　大きな数 〉

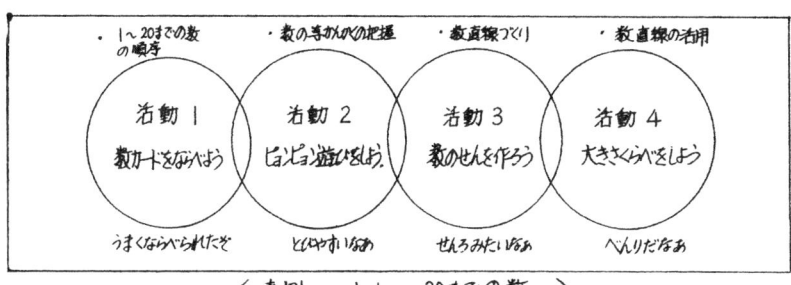

・1〜20までの数　・数の等かんかくの把握　・数直線づくり　・数直線の活用
　の順序

　活動1　　　　活動2　　　　活動3　　　　活動4
数カードをならべよう　ピョンピョン遊びをしよう　数のせんを作ろう　大きさくらべをしよう

うまくならべられたぞ　とびやすいなあ　せんろみたいだなあ　べんりだなあ

〈 事例　小1　20までの数 〉

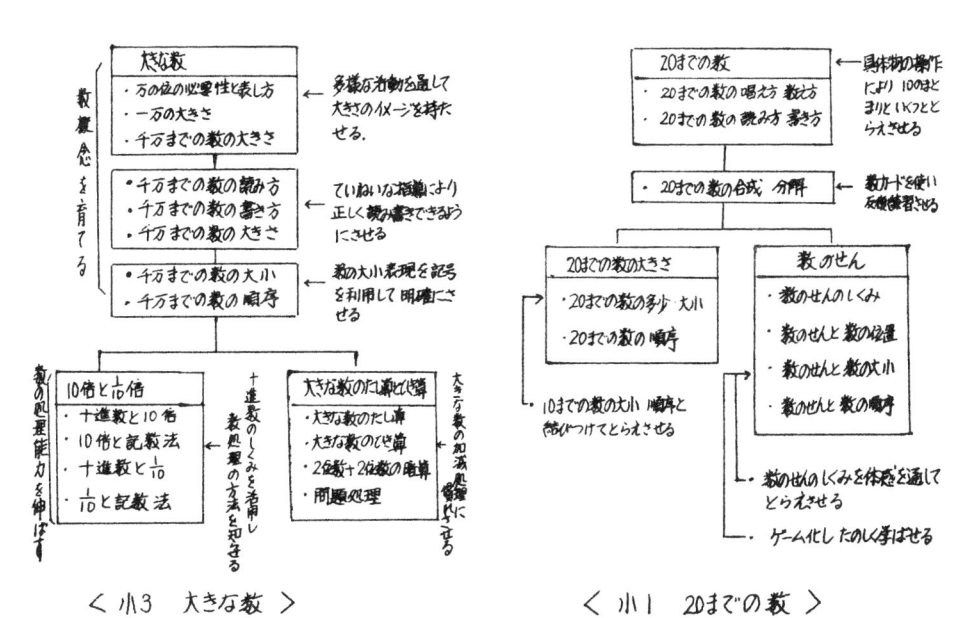

〈 小3　大きな数 〉　　　　〈 小1　20までの数 〉

9 活動型授業の事例
―袋の授業―

> 「活動の読み込み表」で授業イメージを構想し，成功した実践事例はありますか？

◆「活動の読み込み表」を活用し，授業での活動のさせ方を膨らませ，授業をつくり上げ，これまでにない実践事例を編み出した経験があります。

◎図形の学習と言えば，「なかま分けから」と定式化していた時代の流れに一石を投じる話題となった実践を紹介しましょう。（２年生「三角形」の事例）

「活動の読み込み表」のネットが生きる

①　教科書やごく普通に行われていた授業

○いくつかの形を提示し，「なかまに分けてみましょう」と誘いかける。
　→「なかま分け型展開」
○用紙にいくつもの点を打った用紙の上に，子どもたちが興味を持つ動物を印刷。「３つの点を結び，パンダを囲みましょう」と投げかける。
　→「書き込み型展開」
○赤，青，黄色の竹ひごを使って，いろいろな三角をつくってみましょう。→「三角形作成型の展開」
○大別すると３つのタイプの授業展開が大半でした。
　「もっと子どもが持っている自然な感覚をフルに活かした授業がつくれないか」と考え続けました。

第1章　授業をつくる知恵

②　子どもの自然な感覚を活かした授業づくりへの挑戦

○「子どもの感覚を活かした授業づくり」を……。
　授業の構想をあたため続けました。
○「三角形は，3つの辺と3つの頂点でできている」（教えたい内容）と「行動言語」「活動方式」とを結びつけながら，授業のイメージを膨らませていきました。
○頭に浮かび上がってきた活動を「活動の読み込み表」へどんどん書き込んでいきました。

③　子どもの日常活動が大きなヒントに

○授業構想をあたため続けていたおり，子どもたちが「体育服袋」から懸命に赤白帽子を取り出している光景を見ました。通常なら，何気なく見過ごしてしまう日常のごく当たり前の光景です。
○「袋」から手探りで，赤白帽子を取り出している様子が何となく気にかかり，子どもたちの行動の様子を見つめていました。
○「袋から取り出す」──「三角形の授業に使える！」とひらめきました。
○「活動の読み込み表」の威力です。「授業の活動を探すネット」としていつも頭の中に張り巡らされています。そのネットに「袋から取り出す」という活動が引っかかり，想像もしていなかった授業イメージがわき上がってきました。
○授業構想をあたため続けるとは，このようなことです。
　「教えたいこと」と「行動言語」「活動方式」とつなげて，「活動の読み込み表」のネットを張り，子どもたちの動きを見つめています。
　すると，突然に，ひらめきがわいてきます。
　授業のイメージが爆発的に膨らんできます。

そして，新しい授業構想が築かれていきます。

> 袋の授業構想（小2算数・三角形）

①　袋の中に次のような形を準備します

○形は，厚手の工作用紙でつくります。（6種類）
○また，袋は，古くなった「給食用白衣入れの袋」を使用します。
○準備は，これで完了です。

②　授業は，子どもたちとの楽しい問答で切り込みます

○「この袋の中には，いろいろの形をしたものが入っています」
　「みんな賢いから，中を見なくても先生と同じ形のもの出せるね」
　「これ（半円形），見つけられるかな？」（半円形を見せながら）
　子どもたち「あった！」と高々と上げる。
　「すごいね，見ないでも見つけられるのね」

第1章 授業をつくる知恵

「では，これは（窪みのある糸巻き形の図形）見つけられる？」
「見つけられる」「見つけられる」と子どもたち興奮気味。
「見つけた！」と皆自慢気な顔。
「すごいね！」と子どもたちを乗せる。
「では，これ（三角形），見つけられる？」
子どもたちは必死で袋の中を手探りで探している。
「見つけた！」と大声で高々と「三角形」を上げる。

③　次の誘いかけがポイント

○この授業，誰が行っても子どもたちは燃えます。
　しかし，次からの子どもたちへの誘いかけがポイントです。
　・**「すごいね！」「見なくても見つけられるの？」**
　・「見つけられるよ！」
　・**「見なくても，見つけられる秘密教えて？」**
　・「秘密，教えてあげる！」と子どもたちワイワイ。
　　　（「秘密，教えて」の誘いが，子どもたちを燃えさせる。）
　・「あのね，チクチクが3つあったから見つけられたよ」（頂点の話）
　・「あのね，スベスベが3つあったから見つけられたよ」（辺の話）
　・「すごいね！　チクチクとスベスベで見つけられるの！」
○これだけの流れの中に大切なポイントがあります。
　「すごいね！」とまずほめて，子どもたちに自信を持たせます。
　「見なくても見つけられるの？」と感覚で見つけていることを意識させます。
　「見なくても見つけられる秘密教えて？」と誘いかけます。
　この誘いかけで子どもたちに，「見つけられる理由」を説明しようという意欲をかき立てます。
○何でもないような誘いかけの言葉で子どもたちは，授業にはまり込ん

でいきます。
　どのような言葉かけで子どもたちが燃えるかを日々の授業を通してつかんでいくことが,「教師の授業修業」です。

④　活動をより確かな理解へと進めます

○「せっかく,見つけたのだから,この形ノートに写しておこう」
　子どもたちは,三角形を写し取る。
○「見つけられた秘密,吹き出しに書いておこう」
○「あのね,こんな形に名前がついているの。教科書で調べて？」
　「分かった,三角形です」
　「その名前も書いておこうね」
○（子どもたちが書き終えてから）
　「では,チクチクは,何と言うのかな？」
　「スベスベは？」
　「チクチクは頂点,スベスベは辺と言います」
　「すごく賢くなったね。書いておこうね」

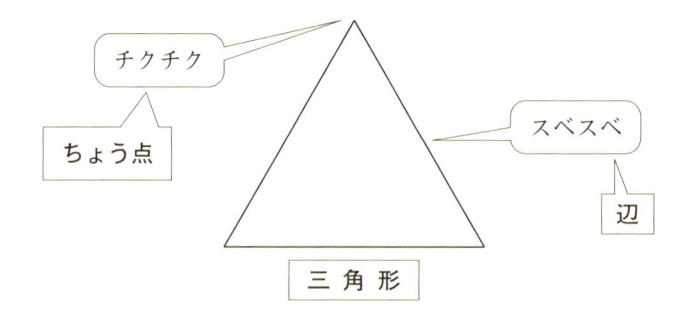

```
           チクチク
              │
    ┌─────────┘
    │          △
 ちょう点     /  \      スベスベ
            /    \        │
           /      \    ┌──┘
          /        \   │
         /_____\  辺
            三角形
```

⑤　さらに,確かな理解へと授業を進めます

○三角形を含めたいろいろな形が混在しているプリントを配る。
○「賢くなった皆だったら,三角形を見つけられるね」

「簡単に見つけられるよ！」
○三角形を選び出し，丸で囲む。
○「三角形，いくつあったかな？」
　「3つ！」「4つ！」……ざわめきが起こる。
　（プリントの図の中に仕掛けがある。発展的な見方へのゆさぶり）
　「絶対，4つあるよ！」（黒板の前へ出てきて，丸印をつけて主張）
　「違うよ！　これは三角形ではないよ！」（閉じてない三角形を指摘）
○閉じている形，閉じてない形についてもめる。
　「先生の書き方がおかしい」
　「先生がしっかり書かないから分からなくなる」
　「先生，くっつけて書いたのですか」
　「みんなよく見つけたね。くっつけて書かなかったよ」
　「だったら，これは三角形ではないよ」
　「くっついていないと三角形のなかまに入らない」
　「すごいこと見つけたね」
　「では，これは，三角形ですか」（辺の途中が切れている形）
　「これも，くっついていないから三角形ではありません」

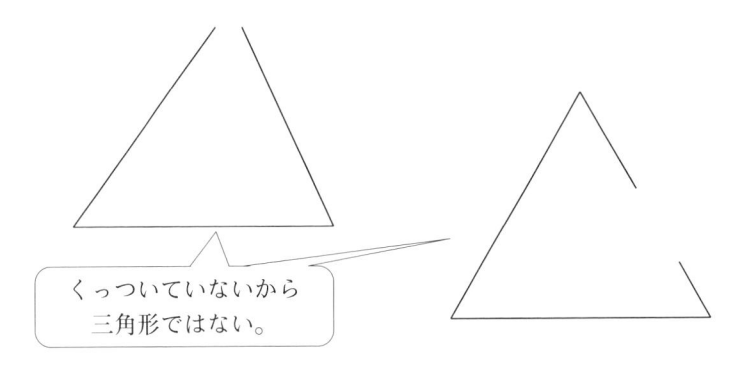

くっついていないから三角形ではない。

⑥　最後に授業のまとめを書かせて授業を閉じました

○この授業は，小学校2年生の子どもたちの成長段階に適合し，子どもたちが持っている自然な感覚を活かしています。
　ですから，誰が，どの教室で実践しても成功する授業です。
○また，この実践事例から，授業を組み立てるとはどんなことなのかも知ることができます。
○さらに，この授業展開の中核をなしている「袋・触れる」→「楽しく」という活動の仕方は，平行四辺形の学習，合同の学習にも広く応用することができます。
○皆さんがこの授業実践をまねてみられることを期待しています。
　まねて実際に行ってみれば，「活動型授業」のおもしろさが体感できます。
　また，授業の構想の仕方や授業での言葉かけの妙味も会得されると思います。

○余談になりますが，「まねること」は，授業力量を高める近道です。
　「まねること」は恥ずかしいことという抵抗意識を持つのが，教師の変なプライドです。
　多くの若い教師と実践研究を積み上げてきました。
　伸びる若手教師の共通項は，「まね上手」ということでした。
　上手にまねた人は，必ず伸びます。そして，新しい実践をつくり出していきます。
　堂々とまねをして，さらに授業力量を高めましょう。

10 XでAの授業をつくる

> 研究授業が迫ってくると、焦りまくり、なかなか授業のイメージがわいてこないのですが、そんな時どうしたらいいのですか？

◆日々の忙しさに追われていると、あっという間に研究授業の日が近づいてくる。
「あ〜，どこを授業しよう」「どんな授業にしよう」
焦れば焦るほど、授業がつくれない。あれこれ下調べをしているが、どうにも授業のイメージがわいてこない。
このような経験、教師なら一度は味わったことがありますね。

◆「こんな実践をしました」「こんな授業をしました」という事例紹介は、たくさんあります。
しかし、「このようにして授業を構想しました」「このようにして授業のイメージをつくりました」という論文に出会ったことがありません。

◆どのようにして授業を構想し、どのようにして授業のイメージを描き出すのかがはっきりしないと、授業を組み立てる力量は伸びませんね。

◆仲間と共同で授業を組む。また、若い人が授業の相談に来る。
苦しまぎれに授業のアイディアを出さなければならない場に追い込まれる。ギリギリの判断を迫られる何百回という場を通して、「授業イメージの描き方」が見えてきました。

◎「XでAの授業をつくる」という授業づくりのユニークな定式です。

知恵袋

授業づくりの定式
XでAの授業をつくる。

① 「XでAの授業をつくる」定式で，授業が見えてきます

○「授業づくりの定式」など聞いたことがないと思います。
　長年授業づくりに悪戦苦闘する中で，おもしろい発想がわいてきました。
○授業づくりを模索しながら考えついたことは，「定数と変数」の関数関係としてまとめられるということ。
○この考えにたどり着いた時，授業づくりに関してまとまりのあるものとして説明できるようになりました。

② XとAの関係を探ることで，授業のイメージがわいてきます

○Xは，ご存知のように変数です。授業の活動です。
○Aとは，定数です。教えたい内容です。
○定数Aと変数Xとの関わりを探る中で，授業のイメージが膨れ上がってきます。

③ 私が授業を組み立てた事例を出してみましょう

○　(X)＝影で→(A)拡大の仕組みの授業をつくる。
　　(X)＝鏡で→(A)対称の授業を組み立てる。
　　(X)＝袋で→(A)三角形の授業を構想する。
○このようにして「○で□の授業をつくる」と一言でまとめていきます。
　すると，とたんに授業のイメージがわき上がってきます。

④ これまでに実践してきた印象に残る授業を基に試してみてください

○「(X)で，(A)の授業をつくる」の定式の(X)と(A)に言葉を入れてみてくだ

さい。
(X)と(A)に言葉を入れると,「そうか,こんな授業だった」とまとまってきませんか。

⑤　(A)は,教科書の分析や教材研究によってつかみ出します

○教科によって違いはありますが,教材研究を丁寧に行えば,(A)の「教えたい内容」をはっきり導き出すことができます。
○ことに,理数科の場合は,親学問の体系が明確ですから「教えたい内容」はズバリ明確にすることができます。

⑥　でも,「活動イメージを広げる核(X)」を見つけ出すのは,ちょっと難しいですね

○それには,3つの方法があります。
○(X)をどのように見つけ出すかが,授業を組み立てる上での大きな鍵です。

　ギリギリの真剣勝負の授業の場を潜り抜けているうちに,(X)を見つけ出す方法を3つつかみ出しました。

「活動イメージの核(X)」を見つける3つの方法」

① 　材料（ネタ）と結びつけて見つけ出す方法
② 　行動言語と結びつけて見つけ出す方法
③ 　活動方式と結びつけて見つけ出す方法

○実践の累積からつかみ出した3つの方法を詳しく説明すると長くなりますので,項を改め事例を挙げて語ります。

授業イメージのつくり方（3つの方式）

> 授業のイメージを膨らませる「(X)で(A)の授業イメージをつくる秘伝の方法」を早く知りたいなー！

◆授業のイメージを膨らませる方法について語る人は，滅多にいません。授業イメージを膨らませることが授業を構想する基底となるものです。ベテランの教師なら必ず，「自分流の方法」を持っておられます。「自分流」を持ちながらも誰も語りません。
語られないから，共有の教育財産として受け継がれずに終わってしまっています。

◎この項では，私が実践の積み上げからつかんだ「私流の方法」を取り上げます。
いくつもの方法がありますが，私流のユニークな方式を紹介します。
授業イメージに限らず，イメージは，組み合わせによって膨らんでくるものです。
何とどのように組み合わせるかがポイントです。

授業イメージを膨らませる3つの方式

―イメージは、組み合わせることで膨らむ―

① 材料（ネタ）と結びつける方式
② 行動言語とつなげる方式
③ 活動方式と結びつける方式

第1章 授業をつくる知恵

材料（ネタ）と結びつける方式

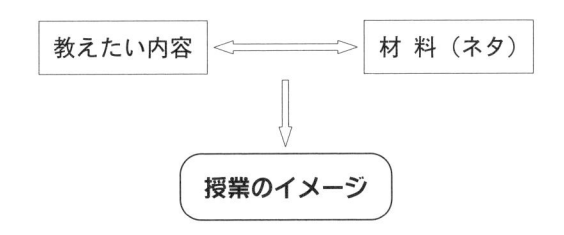

```
教えたい内容 ←→ 材料（ネタ）
         ↓
    授業のイメージ
```

◎線対称の学習を事例に説明しましょう。

① 「教えたい内容(A)」は，教科書を手かがかりに探ります

○「教えたい内容(A)」は，すぐにつかめます。
○「対称の軸で折ると左右が重なる」という，線対称の概念をつくる導入の学習場面とします。

② (X)に思いついた材料（ネタ）をどんどん入れていきます

○事例を挙げてみましょう。
・家紋，標識，マーク，アルファベット
・影，ロケット
・鏡，竹ひご，2つ折りバインダー
・折り紙
・キャラクターの絵

○(X)にネタを入れるたびに授業のイメージが変わってきます。
○たとえば，家紋，標識，マークを入れてみましょう。
　「2つに折って重なる形を集めましょう」という「なかま集め」の授業イメージが描き出されてきます。
○(X)に「鏡」というネタを入れてみます。

「鏡を真ん中に置いても，同じに見える形を探そう」という楽しい「なかま集め」のイメージがまずわきます。
○これに，後で述べる「活動方式」と組み合わせると，全く違った授業イメージがわき上がってきます。

「鏡」と「クイズ方式」とを組み合わせる……。

標識の半分だけの図を提示する。鏡を使う。

「どんな標識か当ててみましょう」

左右対称な標識ならすぐ判別できる。

「待てよ。それなら，鏡のクイズづくりの授業もできそうだ」

このように「鏡」と「活動方式」とを組み合わせたとたんに，授業イメージが膨れ上がります。
○このようにして，「教えたい内容 (A)」と「材料・ネタ (X)」とを結びつけて授業を構想します。

行動言語とつなげる方式

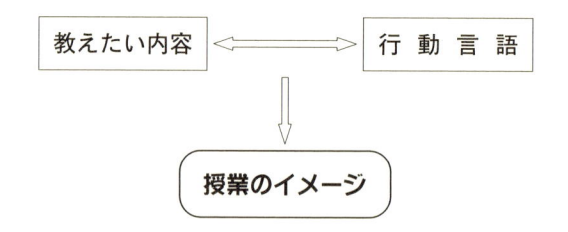

```
教えたい内容 ⇔ 行動言語
         ⇩
      授業のイメージ
```

① 授業に使える行動言語を探ります

○行動言語とは，授業活動に使える動詞です。

「聞く，書く，読む，話す」を代表に，「見る，写す，数える，並べる，比べる，触る，折る，はかる，切る……」などの言葉が挙げられます。

○これらの言葉を(X)に入れてみます。

② 行動言語と結びつけるとイメージがわいてきます

○線対称の授業を想定して、(X)に行動言語を入れてみてください。
　言葉を入れるごとに、変わった授業イメージがわいてくるでしょう。
○「見る」を入れてみます。
　線対称の形の図形を「見る」。
　なかま分けの授業が思い浮かび上がってきます。
○「折る」を入れてみましょう。
　「折って重なる形はどれでしょう」と切り込む作業を通して、なかま集めの授業が頭に浮かんできます。
○このように行動言語を(X)に入れるたびに様々な授業の流れが思い浮かんできます。
○授業の構想は、行動言語を手がかりに練り上げることができます。

〔他の実践事例〕

① まず、授業で「教えたいこと」をはっきりさせます

　たとえば、2年生の算数で「三角形」について教える場面を取り上げてみましょう。
　「三角形は、3つの頂点と3つの辺でできている形」であることをつかませます。

② 形をつかませる時、子どもたちが実際に行動する言葉（行動言語）を拾い出してみましょう

　「分ける」「見る」「触る」などの言葉が浮かび上がりますね。
　他にどのような言葉が浮かびますか。

「作る」「書く」「数える」「写す」「折る」「切る」……。

③ 教えたい「三角形」と拾い出した「行動言語」とを一つひとつつなげます

どのような活動のイメージがわいてきますか。
 三角形 ── つくる をつなげてみましょう。
- 板の上に粘土の玉を3個置いてつくる。
- モールを曲げて三角をつくる。
- 竹ひごを3本組み合わせてつくる。

このような活動のイメージが描き出されてきますね。

④ 活動イメージを膨らませることは，楽しい作業です

他の行動言語とも結んで活動イメージを膨らませてみてください。
- 見る →三角形を見て，なかま分けする活動。
- 書く →いろいろな点が書いてある用紙を使い，3つの点をつなげる。
- 分ける →いろいろな形から三角形を選び出す。
- 触る →三角，四角，丸の形を触り，三角形を選び出す。
- 切る →いろいろな方向に引かれた直線に沿って三角を切り出す。

多様な活動イメージが，楽しくなるほどわいてきますね。

⑤ 活動のイメージがわき上がってきたら，カードにメモします

メモカードを見ながら，どの活動なら子どもたちが興味を示すか。また，どれが子どもの現状にあった活動かについて検討を加えます。

第1章　授業をつくる知恵

・カードの裏に検討した時の問題点等を書きつけます。

このような作業を続けると授業のイメージが膨らみ，楽しい活動型の授業をつくり出すことができます。

⑥　図解しまとめておきましょう

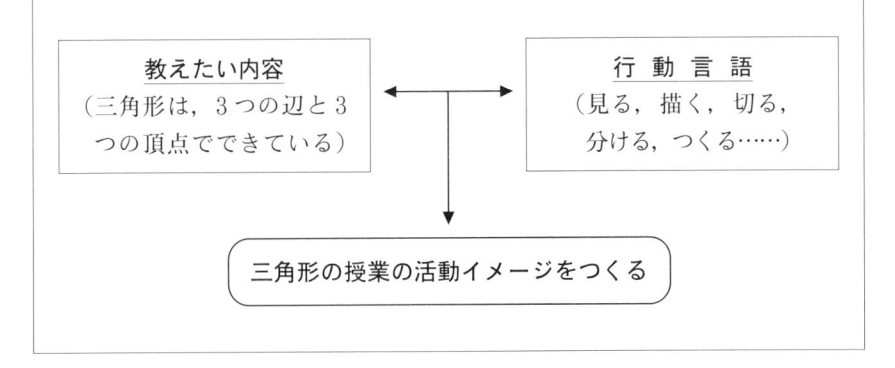

```
┌─────────────────────┐     ┌─────────────────────┐
│   教えたい内容      │     │   行 動 言 語       │
│ (三角形は，3つの辺と3 │ ←→ │ (見る，描く，切る， │
│  つの頂点でできている)│     │  分ける，つくる……) │
└─────────────────────┘     └─────────────────────┘
              ↓
      ┌──────────────────────────┐
      │ 三角形の授業の活動イメージをつくる │
      └──────────────────────────┘
```

○気軽に楽しく，授業の活動イメージを膨らませられる方法です。

ぜひ一度試してみてください。

この方法の威力を肌で感ずることができます。

活動方式と結びつける方式

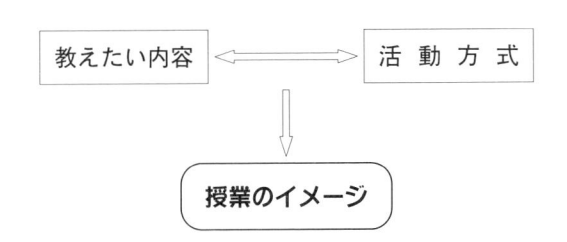

```
┌─────────────┐       ┌─────────────┐
│ 教えたい内容 │ ←───→ │ 活 動 方 式 │
└─────────────┘       └─────────────┘
              ⇓
        ┌──────────────┐
        │ 授業のイメージ │
        └──────────────┘
```

①　活動方式をいろいろな場面で探ります

○テレビで「クイズ番組」が大流行していますね。じっくり見ていると

「クイズの出し方」「番組の構成の仕方」が違っています。クイズ番組の分析をしているだけでも楽しくなってきます。
○ストレートに○×をたずねるクイズ。
　現象を実験提示した後、結果を予想させる書き込みクイズ。
　キーワードを見せ、その言葉から連想される事柄を書き出すクイズ。
　よく見ていると、授業に活用したくなる方式が意外にたくさんあります。
○活動方式の例を挙げてみましょう。
　　ア，クイズ方式
　　イ，問答方式
　　ウ，制作方式
　　エ，ブラックボックス方式
　　オ，討議方式（ディベート方式）

②　活動方式と結びつけます

○「教えたい内容(A)」を線対称の学習として、(X)にいろいろな活動方式を入れてみましょう。
○クイズ方式を入れてみます。
　「4つの図形の中で、1つだけなかまはずれがあります。どれでしょう」
　なかまはずれの授業が描き出されてきます。
○作図方式を入れてみます。
　「ロケットをつくり飛ばしたいと思います。左側半分が描かれています。ロケットを完成させましょう」
　左右対称のロケットを描こうと折って印をつける。
　中央線から左側の長さを測って、右側へ移そうとする。
　このような作図活動の展開イメージを描くことができます。

第1章　授業をつくる知恵

○活動方式と結びつけても，授業のイメージがわかない場合もあります。
　「線対称の学習」と「ディベート方式」とを結びつけてみてください。全く授業のイメージがわいてきませんね。
　イメージがわかない場合は，結びつけても無理で授業にならないということです。
　そのような場合は，結びつけることを止め，他の方式との結びつけを探ります。

〔他の事例〕
　他の事例でも考えてみましょう。
　前に取り上げた「三角形の学習」を今度は，「活動方式」と結びつけてみます。

　　三角形────ゲーム方式　とを結んで授業イメージを描いてみます。
　　・床に大きな形（三角，四角，丸など）を並べる。
　　・「三角は，どれでしょう」と投げかけ，「三角」を取ってくる。

　　三角形────クイズ方式
　　・「三角形には，辺は何本ありますか」
　　・「三角形には，頂点がいくつありますか」
　　・「辺が3つある形は，どれですか」
　　・「頂点が3つある形は，どれですか」

　　三角形────ブラックボックス方式(ア)
　　・大きい封筒に三角を入れておく。
　　・封筒から少しずつ三角を出して見せる。

- 「どんな形か」予想を用紙に書かせる。
- 最後まで取り出し，予想の図と比べる。

　三角形 ──── ブラックボックス方式(イ)
- 「？」マークの付いた箱を準備する。
- 赤い棒3本を左側から，箱に入れる。
- ブザーを鳴らす。
- 赤色の三角が，右側から出てくる。
- 青い棒3本を入れる。
- ブザーを鳴らし，「どのような形のものが出てくるか」問う。
- 次に，赤い玉3個を入れる。
- 「どんな形が出てくるか」たずね，図を描かせる。

　このようにして他の活動方式とも結びつけて，授業イメージを描きます。

　ここで大切なことは，「授業になる」「授業にならない」などと判別せずに，自由に授業イメージを描くことです。

　ついでに申し上げますと，授業の事前研究会等で，すぐに「そのような方法では，授業はうまく流れません」などと，結論づけた話し合い（？）が多く見受けられます。もっと自由に授業のイメージを語り合わないと，子どもたちに合った授業はつくれません。

　自由な模索をしないと本物が見えてきません。

　授業の構想を練るとは，自由な模索を多くすることです。

　一見無駄に見える模索の中から，素晴らしい授業のアイディアが生まれます。

第1章　授業をつくる知恵

○いかがですか。
　「教えたい内容」と「活動方式」とを結びつけていると，授業イメージがわいてくるでしょう。
○授業を構想するとは，組み合わせることです。
　「教えたい内容」とどのような事柄と結びつけると，授業のイメージをわき上がらせることができるかが問題です。
　「行動言語」と結びつける方法もあります。
　また，「活動方式」と結びつける方法もあります。
　さらには，「教授方式」と結びつける方法もあります。
　問題解決型の授業にするのか。スモールステップ型を取り入れるのか。教科書の小問に答えさせる問答的な授業にするのか。
　このように授業の構想は，「教えたい内容」と何かとを組み合わせていくことによって授業のイメージがわき，膨らんできます。

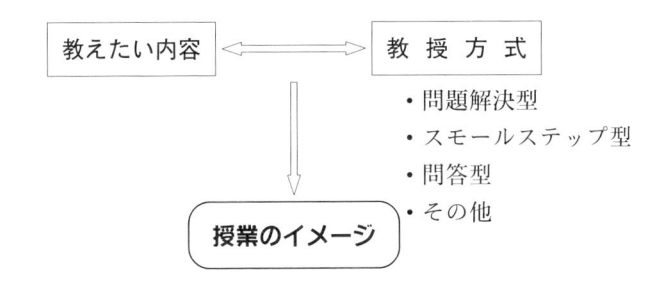

```
┌──────────┐         ┌──────────┐
│ 教えたい内容 │ ←───→ │ 教 授 方 式 │
└──────────┘         └──────────┘
      │                ・問題解決型
      │                ・スモールステップ型
      ↓                ・問答型
┌──────────┐         ・その他
│ 授業のイメージ │
└──────────┘
```

○授業構想づくりは，個性的なもので，決定的な方法はありません。
　しかし，誰でもできる手軽な普遍性のある方法が必ずあるはずです。
　皆さんの実践を通してよりベターな方法を探っていきませんか。

○「(X)で(A)の授業をつくる」という定式を基に授業構想を描く方法を3つ例示しました。授業構想の立て方には多くの方法があります。
　たとえば，「教授方式」と結ぶ，「教授言語」と結ぶなどの方法も考え

71

られます。
○しかし，残念ながら，授業構想の描き方，授業イメージの膨らませ方についてあまり語られません。
　「どのようにして授業構想を描いてきたのか」
　「どのようにして授業イメージを膨らませてきたのか」
　これら授業構想の描き方について，もっと自由に包み隠さず語り合わなかったら，教師力を互いに高めることはできません。
○いろいろな方法を試みられ，互いに授業構想の方法について意見交換しようではありませんか。

◎授業イメージを豊かに描くことが，授業づくりの出発点です。

第2章

授業を進める知恵

―授業は，どのように進めるとうまくいくの？―

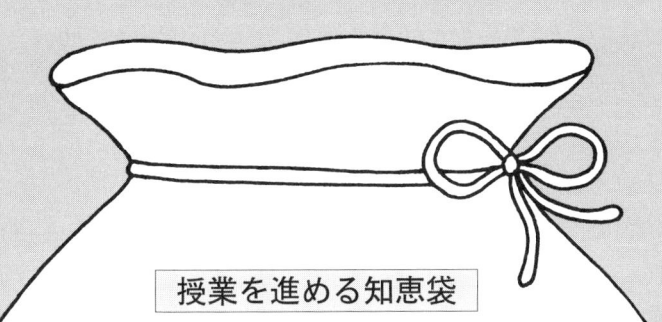

> **授業を進める知恵袋**
>
> ―あなたは，子どもの反応に素早く対応して，
> 授業を進められますか？―
>
> 授業は，生き物です。
> 子どもの反応に即応して展開しなければ，
> 楽しく分かりやすい授業は生まれません。
> 授業を進めるにも隠れた知恵があります。
>
> あまり語られない「授業を進める知恵」
> について，語ってみましょう。

12 導入の工夫①

> 授業を開始しても休み時間の延長のようにざわつきが続き，授業を開始するのに苦労しています。学習と遊びとを区別し，授業へ集中させるよい手立てはありませんか？

◆「3分で授業力量が分かる」とよく言われますね。特に，授業の導入場面で授業の腕，子どもの育ちが見えるものです。

◆導入の仕方は，学習する事柄，教科の特色などと深く関わりがあり定型化されたものはありません。

◎導入にこのような工夫を加えると授業のスタートができるという，いくつかの改善点を挙げてみましょう。

知恵袋

授業開始の大原則

授業の集中は，3秒で決まる。
〔授業・3秒の勝負〕

> 授業の集中は，本当に3秒で決まるのですか？

① 授業の開始が勝負どころです

○「3秒で？」と思われるでしょう。
○「3秒で勝負が決まる」——これは，実践を通して得た結論です。
○授業の怖さを改めて感じますね。意表を突かれるようなところに，授業の成否の鍵が隠れているものです。

② 授業始めに起立し「始めます」のあいさつをします

○授業始めのあいさつは不要との主張もあります。
　私は，生活のリズムと学習のリズムの切り替えのために，あいさつは必要と考えます。
○あいさつを済ませ，子どもたちは一斉に着席します。
　着席から3秒でどれだけ教師に強い眼差しを向けることができるか。この一瞬の眼差しの強さで授業への集中が決まります。
○「では，算数のお勉強を始めます。今日お勉強することは……」と開始したとたんに，「見てない人いますね」との言葉をかける人がいます。このような授業の開始では「いい授業」はつくれません。
○子どものすさまじい眼差しを教師が全身に浴びせられている気迫を感じて，授業を開始する。――これが，授業のスタートです。

③ 「学習への集中」をきっちりと鍛えておくことが肝要です

○このような授業の開始ができるためには，学年当初から「学習への集中」をきっちりと鍛えておくことが肝要です。
○最近，「鍛えること」を避けるような傾向があります。
　子どもを成長させるためには，鍛えるべき事柄についてはしっかり鍛えることが大切です。
○「鍛える」とは，「しごくこと」ではありません。鍛えるべき事柄の必要性を理解させ，方法を示して教えることです。
○鍛えるべき事柄は，そんなに多くあるものではありません。
　自信を持って徹底すれば短時間で子どもたちは，当たり前のこととして身につけていきます。
○「学習への集中・3秒の勝負」も学年初めにきっちり鍛えるべき事柄です。1年間の授業に大きく影響してきます。

13 導入の工夫②

> 子どもたちの関心を引きつける導入をしたいのですが，導入がワンパターン化しているような気がしています。子どもを引きつける導入の仕方のコツは何ですか？

◆「あっ，おもしろそう」「やってみたい！」と思わせる導入をしたいものですね。

◆落語でも一番はじめの「つかみ」が難しいと言われています。観客の雰囲気をキャッチし，はじめの切り出しで観客の心をつかむ。これができるようになれば噺家として一人前になれると言われています。

◆授業も同じで，子どもの心をつかむ導入を探る必要がありますね。

◆導入の仕方には固定したものはありません。学習する内容，子どもの関心などと深く関わり，いろいろな方法があります。

◆最近は，「前時の振り返り」から授業が開始されるケースが多く見られ，定式化しているように感じられます。

◎導入とは，もっと豊かなものです。

知恵袋

授業が盛り上がる導入の工夫

① 見える導入の工夫
② 隠し型方式の導入法
③ フラッシュ方式の導入法
④ ズバリ！　山場方式の導入法

見える導入の工夫

① 子どもの関心を引く導入のコツは，「見える導入」にすることです

○「見えること」は，関心を持たせる上できわめて重要な働きをします。見えると子どもたちは動き出します。
○お話だけの「見えない導入」では，子どもたちは燃えません。

②「見える導入」をする最も手軽な工夫は，物を使うことです

○「りんごが5個あります」と板書しながら導入する。
「りんごが5個あるのよ」と絵図を見せながら導入する。
本物のりんごを見せ「5個あったよ」と導入する。
3通りの導入で一番子どもたちが目を輝かせる方法はどれでしょう。
はっきりしていますね。
○本物のりんごを見せた提示の場合です。本物だと臨場感があるからという理由だけではありません。

③ 物は，イメージづくりの手助けとなります

○イメージのわかない事柄に，学習意欲も解決の方策も生まれてきません。
○子どもたちは，物を手がかりにイメージをつくります。イメージがわくと，考える内容の輪郭が分かり，学習に興味を持ちます。
○学習の内容に興味を持たせてこそ，本物の導入となります。

④「見える導入」には，2つの意味が含まれています

○1つは，「場面が見える」という意味です。

たとえば，買い物の場面，塩水をつくる場面などです。
問題解決の基底になるものです。
場面がイメージ化できなければ，次の解決行動は生まれてきません。
○もう1つは，「見通しが見える」という意味です。
「見通しが見える」と言っても論拠のある論理的な見通しではありません。「何となく，このようなことを考える場面だろうな」というおぼろげな見通しです。
思考を展開する上で，おぼろげな見通しが大きく関わります。
思考展開の原点となります。

隠し型方式の導入法

① 見せたいものをあえて隠して提示します

○封筒の中に黄色の交通安全帽子を入れておきます。
「何が出てくるのかな？」と言いながら，少しずつ帽子を見せていきます。
子どもたちは「安全帽子！」と目を輝かせ，にこにこ顔で見入っています。
帽子を取り出したところで，「この帽子をかぶり，明日から交通安全に気をつけて学校へ来ましょうね」。
ここに紹介したお話は，私が現職校長時代に行った「入学式の式辞」の一部です。
○「式辞を述べる」のも授業です。
可愛い入学生を話に集中させる方策を練ります。
この式辞は，「見せたいことは隠して提示する」という秘訣に支えられています。
「さすが，授業の達人の式辞」と大きな反響を呼びました。

②　「見てほしいこと」「注目してほしいこと」は，隠して提示する

○「見てほしいこと」を隠して提示すると子どもたちは提示されたものに集中します。
○「見えないと見てみたくなる」という心理をうまく使った導入法です。
○図形の提示，物の提示に威力を発揮します。
　大き目の封筒に注目させたい図形を入れておきます。
　「何が出てくるのかな」と問いかけながら図形を取り出します。
　子どもたちは，「どんな形が出てくるのだろう」と目を輝かせて集中します。
　図形等の学習に広く応用できる方法です。
　一度試みられることを強くお勧めします。
○また，文章で問題を提示する場合にも応用できます。
　授業展開の中でキーになる数量，変化させて数理をつかませたい数を（かっこ）にして示します。
　子どもたちは（かっこ）の中にどんな数が入るのか興味を持ちながら，文章の問題を書き写します。

③　「隠して提示する」という方法は，応用範囲の広い方法です

○「隠して提示する方法」は，授業だけでなく，いろいろな場面で活用できる方法です。
○学級指導，生活指導，保健指導などの場面でも応用活用できます。
○ただ，「隠して提示する方法」で気をつけなければならないことは，提示していくリズムです。あまりにも遅いリズムで提示していくと子どもたちをイライラさせます。ここの点にはご配慮を……。

フラッシュ方式の導入法

① 見せたいものを一瞬だけ見せて隠してしまう方法です

○この方法は，導入法と言うよりも「導入テクニック」と言った方が適切かも知れません。
　しかし，子どもを集中させる威力のある方法です。
○三角形を一瞬見せます。即，隠します。子どもは「何だったのか」と集中します。
　再度，繰り返します。大半の子どもは，「三角形だ」とつかみます。
　3回目を行います。
○4回目は，ありません。4回も繰り返すと集中が途切れます。
○「フラッシュ方式の提示は3回まで」という原則をお忘れなく。

② 「フラッシュ方式」にも子どもの心をつかむ原理が含まれています

○「フラッシュ方式」にも「隠し型方式」（見せたいものを隠して提示する方式）にも，子どもの心をつかむ同じような原理が含まれています。
○見せたいものを一瞬しか見せない。
　一瞬しか見せないから，本気になって集中して見ようとする。
○見たいものを隠して提示する。
　見たいのに見えないから，隠れた物に興味を抱いて見ようとする。
○どちらの方式も見たいものを明確に見せない。見せないことで「見たい」という子どもの心理を揺さぶる。
○このように2つの方式は，表面的な形は違っていますが，子どもの心理の揺さぶり方に共通したものがあります。

多様な方式の共通性を見抜いていくことが，新しい方法の開発の鍵となります。
○「導入の工夫」は，多種多様です。皆さんの若いアイディアで，どんどん開発されていくことを期待しています。

ズバリ！　山場方式の導入法

①　前時間での結論をズバリ示して導入します

○この方法は，「国語の授業名人」から学んだ方法です。
　（名人の方は，無意識でされておられましたが，その方法を私が学び取り，命名しました。）
○授業開始と同時に黒板の真ん中に大きな吹き出しを書きます。
　「大造じいさんは，……と思っていたのですね」
　このように一言問います。
　子どもたちは，「……です」と端的に答えます。
○「大造じいさんは，ずうっと……と思っていたの？」と切り出し，心情の変化に気づかせます。
○「どこから変わっていったのかな？」とさりげなく問いかけ，授業の核心へ誘い込みます。
○「名人」と言われるだけあって，見事なリズムで無理なく授業の核心へと誘い込みます。
○参観していて，「ズバリ！　山場方式」。
　このような導入の仕方もあるのだと気づかされました。

②　「ズバリ！　導入法」の効果

○ズバリ！　本題へ切り込んでいく導入法も学ばなければならない方法です。

- ○ただし,「ズバリ！ 導入法」を駆使できるようになるには,相当の修業が必要です。
- ○まず,教材の核心をしっかり見抜ける力量をつけること。
  その上,さりげなく誘いかける言葉が授業の核心へと誘い込む流れを読み切れていること。
  さらには,子どもたちに日々の授業を通して,授業展開のキーワードを把握する力をつけておくこと。
- ○このような授業を支える基本的な事柄がきっちり築き上げられていることが重要になります。

おもしろ導入の開発

- ○最近,テレビ等で「授業方式のクイズ番組」が多く見られます。それらの中に多くのヒントが得られるものがあります。
- ○米村でんじろう氏の「あっ！」と引きつける現象提示の理科実験。私は,「でんじろう方式」と名づけて参考にしています。
- ○手品のような不思議な提示の後,選択肢のクイズを出す。
  「おもしろクイズ方式」です。
- ○私たちの身の回りには,興味を引きつける方法が駆使されているものがたくさんあります。テレビのコマーシャルもその1つです。

- ○「導入の工夫」の方法は,方々に転がっています。
  それに気づくかどうかが「新しい方法の開発」の鍵です。
  アンテナを広く張り巡らせ,子どもたちが喰いつく導入法を開発しましょう。

14 発問の基本

> 授業を進めていて一番困ることは，子どもたちの考えを引き出す問いの仕方です。
> 発問には，どのような意味があるのですか？

◆授業展開で一番難しいことは，「発問」です。

　たった1つの発問で子どもたちの動きが大きく違ってきます。教師なら皆「発問」1つで一喜一憂した経験がありますね。

◎どのような発問で子どもの考えを引き出せるのかを考える前に，発問が持つ働きについてお話しておきましょう。

発問と脳の動き

① 教師は，なぜ発問するのでしょうか

○きわめて当たり前のことですが，明快に答えられる教師が少ないようです。若手教師の研修会でたずねてみますが，的確な答えは返ってきません。

○発問の大切さ，授業展開の中での重みについては，日々の授業経験を踏まえた答えが返ってきます。しかし，発問が持つ意味に関しての的確な答えが返ってきません。

○「なぜ発問するのですか」とたずねられたら，皆さんはどのように答えますか。

② 本来なら「発問」はしなくてもいいものです

○「発問は，しなくてもいいものです」と言われると，「そんな的外れな答えがあるか」と反論されるでしょうね。

本当のことです。
○「発問」という意味を突き詰めていくと，本来ならいらないものです。

③　大人の生活での問題解決に誰も問いを出してはくれません

○日常生活の中で多種多様な問題に遭遇します。問題を解決しなければならない場面にぶち当たります。
　そのような時，
　「どのような事柄が問題の中に潜んでいますか」
　「以前に今の問題と同じような場面に出会ったことはありませんか」
　「前の問題と同じような方法や気持ちの切り替えで，今の問題は解決できませんか」
○このような問いかけを誰がしてくれるのでしょうか。
　誰1人してくれません。（誰かに相談すれば別ですが。）
　すべて自分で考えて解決の道を探ります。
　自問解決です。

④　自らが問い，自らが解決の方策を探します

○人間本来の問題解決は，自らが問い，自らが解決策を探る行為です。
○ところが，子どもの学びの場での問題解決においては，解決の問い（自問）は簡単にわいてきません。
○そこで，教師が学びを進めるために発する問いが必要となります。
○それが「発問」です。
　「発問」は，子どもの思考を展開させるきっかけとなります。

⑤　発問には脳を動かす重要な働きがあります

○「問い」という刺激がなければ脳は動きません。
　「どうしてそのような答えになるの」と問われると，脳は答えを導き

出した筋道をたぐり直し，理由づけを探すように働き出します。
「どうして」と問われなければ，脳の働きは生まれません。

⑥ 発問研究に脳の研究を生かす時代です

○これまでの発問研究は，「発問と子どもの反応」ということに焦点化されてきたようです。
○これからは「発問と脳の働き」に焦点を当て，どのように脳が回転し，どのような結論づけをするかをはっきりさせていくことが大切だと考えます。
○発問の研究だけでなく，思考展開の筋道を探る研究などにも，脳科学の研究とつなげて追求していくことが重要です。
　これからの教育研究，授業実践研究は，脳科学と関連づけて進める時代だと強く思います。

◎「発問」に関して，少し理屈っぽい説明になりました。
　次の項で具体的なお話をしましょう。

15 2つの問い

> 発問の意味は分かったのですが，子どもの考えを引き出す発問とはどのような発問なのですか？

◆長い実践経験から「発問」には，2つのタイプがあることを見つけ出しました。

◎「タテの問い」と「ヨコの問い」です。
　事例も挙げて詳しくお話しましょう。

知恵袋

```
2 つ の 発 問
① 「タテの問い」＝ 形式発問
② 「ヨコの問い」＝ 内容発問
```

「タテの問い」と「ヨコの問い」

○日々の授業展開の中で何気なく行っている「発問」。
　「発問」には，2つのタイプがあります。
○「タテの問い」と「ヨコの問い」の2つのタイプです。
　どのタイプの問いがよくて，どのタイプの問いがよくないという分け方ではありません。2つのタイプの問いは，それぞれに違った働きをします。2つのタイプの問いを上手に組み合わせて授業を展開して

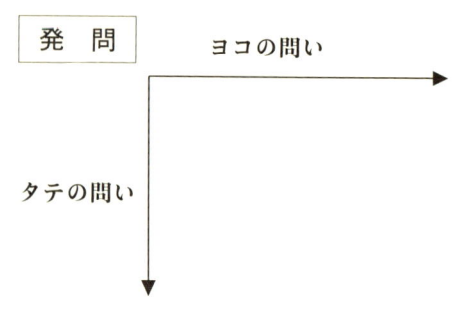

いくことで、子どもの考えを引き出す発問が生まれてきます。

タテの問い

① 「タテの問い」とは、直接型の問いです

○授業展開の中でよく使います。ストレート型の問いです。
　たとえば、立式後に自然にたずねる「どうしてこんな式になったの、お話してね」の問いかけは、「タテの問い」の典型例です。

② 「タテの問い」は、「形式発問」とも言います

○「どうしてこんな式になったの」という発問は、どの単元のどのような問題の時にでも使えます。単元の指導内容と関係なく使える問いかけです。だから、「形式発問」と言います。

③ 「タテの問い」（形式発問）には、子どもの思考を進め、授業を進める働きもあります

○「問題を読む」→「式を立てる」→次に「立式の説明をする」というように、子どもの問題解決の思考を進めると同時に授業を次々と進めていく働きもあります。
　だから、日々の授業展開の中で頻繁に使われる発問です。
○「タテの問い」は、授業を進めていく作用を持つ発問です。
　指導している内容から探り出された問いではないので気軽に使えます。ですから、「タテの問い」だけでも結構授業を展開することができます。
○しかし、「タテの問い」だけでは、授業に深みが生まれません。

ヨコの問い

① 「ヨコの問い」は、「タテの問い」とは質が全く違います

○授業展開のその場面にしか使えない発問です。

② 「ヨコの問い」は、「内容発問」と言います

○授業展開の内容に深く関わる発問です。
○指導する内容からえぐり出された発問です。
○指導内容をつかみ切っていること。子どもの思考を読み切っていること。
　これらの条件が備わらないと輝きのある「ヨコの問い」（内容発問）はつくれません。

③ 「ヨコの問い」（内容発問）をえぐり出す日々の修業

○「ヨコの問い」は、学習内容と深く関わり、きわめて具体性に富んだ問いです。しかも、子どもたちの心にストンと落ちる言葉でないと威力を発揮しません。
○子どもの心に落ちる言葉の使い方はなかなかつかめません。教師の頭の中でひねくり回していても生まれてくる言葉ではありません。
○日々の日常生活の中で、子どもたちにストンと落ちる言葉に出会った時、即、メモを取り、日々累積していくことが大切です。
○私が初めて低学年を担任した時のことです。子どもたちが水道の水を無駄にジャージャーと出すので困っていました。
　その時、低学年のベテランの先生は、「鉛筆の太さで出すのよ」と一言声をかけられました。子どもたちは、その言葉かけで一変しました。私は、「ヨコの問いの秘訣は、これだ！」と会得させられました。
　こんなふうに日々の生活の中に修業が隠れています。

16 2つの問いの事例

> 「ヨコの問い」に関する話を聞いたことがありません。事例を挙げて, もっと詳しく教えてください？

◎事例がないとお分かりいただけないでしょうから, 実践事例を挙げて説明しましょうね。

「ヨコの問い」の事例(1)

① 1年生で3口のたし算を教える授業場面です

電車が走っています。A駅で4匹の犬が乗ってきました。B駅で2匹の犬が乗ってきました。そして, C駅では, 3匹の犬が乗ってきました。ぜんぶで, 何匹乗っているでしょうか。

○電車の絵, 犬の絵などを見せながら, その先生は巧みに導入を図られました。
　子どもたちは, 食い入るように見つめていました。

② 「何匹乗っているでしょうか。式に表してみましょう」(タテの問い)

○子どもたちは, 式づくりに取りかかり, 3つの式をつくりました。
　(ア)　4 + 2 + 3 = 9
　(イ)　5 + 4 = 9
　(ウ)　6 + 3 = 9

89

③ 「どうしてこんな式になったのか，お話してね」（タテの問い）

○子どもたちは，何とかわけを説明しようと懸命でした。
○教師の誘導で何とかその場を切り抜けられました。

④ 授業参観をしながら1つの発問をつくりました

○研究授業でしたので，授業終了後「短時間の飛び入り授業」をさせてもらいました。
○授業参観をしながらつくり上げた発問を試すためです。

⑤ 「B駅で乗った2匹の犬，太郎さん犬と次郎さん犬としよう」

○名前をつけるだけなので，子どもたちは「いいよ」とすぐ返しました。

⑥ 「3つの式で，太郎さんと次郎さんは，どこに乗っていますか」

○この問いが「ヨコからの問い」＝「内容発問」です。
○子どもたちは，(ア)の式では，2を指して「ここに乗っているよ」と簡単に答えました。
○「そう，では(イ)では」
　「あのね，こことここに分かれて乗っているの」（5と4を指して）
○「じゃ，(ウ)の電車では……」
　「2匹ともここに乗っているよ」（6を指さして）
○子どもたちの顔は，生き生きと輝いていました。
　この顔の輝きに誘われて，後日，補欠授業を行うこととなりました。

⑦　授業整理会でも，私の飛び入り授業での問いが話題になりました

○「『どうして，こんな式になったのか』と問いかけるのが普通ではないですか」
○「なぜ，『太郎さんと次郎さんは，どこに乗っていますか』という問いかけをされるのですか」とたずねられました。

⑧　「具体的な発問がいいですよ」とよく言われます。では，「具体的」とは，どのようなことなのでしょう

○具体的な問いの典型が「太郎さんと次郎さんは，どこに乗っていますか」です。
　具体的で分かるから，抽象化された式の「ここに乗っているよ」と指さしすることができるのです。
○「ヨコの問い」の威力です。
○授業整理会で，この授業の詰めは，どのような問いで行うかが話題になりました。
○「3つの式で分かりやすいのはどれですか」
　「3つの式でいいのはどれですか」
　など思いつく発問例が挙がりました。
○3口のたし算の学習を詰める発問を示しました。
　「3つの駅で乗ったことが分かる式はどれですか」
　「さすがですね」と拍手の賛同を得ました。

⑨　この事例が「ヨコの問い」（内容発問）の典型例です。また，「ヨコの問い」の威力も事実として示している典型事例です

○「太郎さんと次郎さんは，どこに乗っていますか」と問いかけ，子ど

もの考えを引き出します。
○「3つの駅で乗ったことのわかる式は，どれですか」で，3口のたし算の意味をつかませます。

◎「ヨコの問い」（内容発問）についてご理解いただけたでしょうか。

「ヨコの問い」の事例(2)

○「ヨコの問い」の威力について少しお分かりいただけたと思います。でも公開できるような「ヨコの問い」は，なかなかつくれません。

◎私の実践から生まれた「ヨコの問い」の事例をもう1つ紹介します。

① この授業は，1年生を担任されていた先生が出張され，私が代わりに行った授業です

○1年生の授業で，前に挙げた「3口のたし算」を一応理解できた次の時間の授業です。

② 担任の先生の予定では，4時間目なので「粘土遊びの時間」として計画されていました

○「粘土遊びも楽しいけど，先生と一緒に算数しよう」と誘いかけ，昨日の「飛び入り授業」の続きをすることにしました。

③ せっかく粘土を準備しているので，粘土の玉を生かせるようにとの考えから，次のような問題場面を設定し，授業を開始しました（教師の即応力の発揮）

○「四角，三角，丸の3つの駅があります」
○「駅に粘土の玉を置いてください。それぞれの駅に，2個，3個，4

個のかたまりを置いてください」（粘土遊びをしているような調子で子どもたちは喜びながら粘土の玉を置いていきました。）
○四角の駅→2個，三角の駅→4個，丸の駅→3個と置きました。
○「電車に全部で何人乗っていますか」
○「式つくれるね。どんな式になるかな」
○子どもたちは，3つの式を発表しました。
　　（はるな号）　2＋4＋3　（大半の子どもの式）
　　（ま　り号）　4＋2＋3　（5人の子どもの式）
　　（たつや号）　2＋3＋4　（1人だけ，泣き出しそうな顔）

④　さて，どのような問いかけをすれば，3つの式の違いが説明できるのでしょうか

○皆さんだったら，どのような問いかけをされますか。
○「どうして，こんな式になったの」とは，もう問わないでしょう。
　「タテの問い・形式発問」では切り抜けられない場面であることはお分かりでしょう。
○では，どのように問いかけられますか。

⑤　私は，「電車が通った線路を書きなさい」と投げかけました

○子どもたちは，飛びつくように線路を書き入れました。
　　（はるな号）の線路，（まり号）の線路を黒板に書き終えました。
○いよいよ1人だけの（たつや号）の線路です。
○「たつや号の線路，書けますか」と大きな声で問いかけました。
　皆一斉に「書けるよ」とはりきって答えます。
　1人だけで泣き出しそうにしていた（たつや号）の子は，にこにこ顔で線路を書いています。
○「線路を書きなさい」の問いかけで授業が盛り上がりました。

⑥　授業の締めは，「（先生号）は，丸→四角→三角の駅を通っていきました。全部で何人乗っているか式をつくり求めてください」と問いかけました

○全員「3＋2＋4＝9」とノートに書いていました。

⑦　「では，全部で何人になったのか，答えを音で教えてね」と楽しく誘いかけました。

○子どもたちは，机を手で叩き「答え，9人」を知らせていました。
○「音で」という誘いかけは，低学年にとても有効な方法です。
○子どもたちの手は，真っ赤になり，興奮の中で授業を閉じました。

◎「線路を書きなさい」の「ヨコの問い」のすごさを改めて会得した貴重な授業経験となりました。

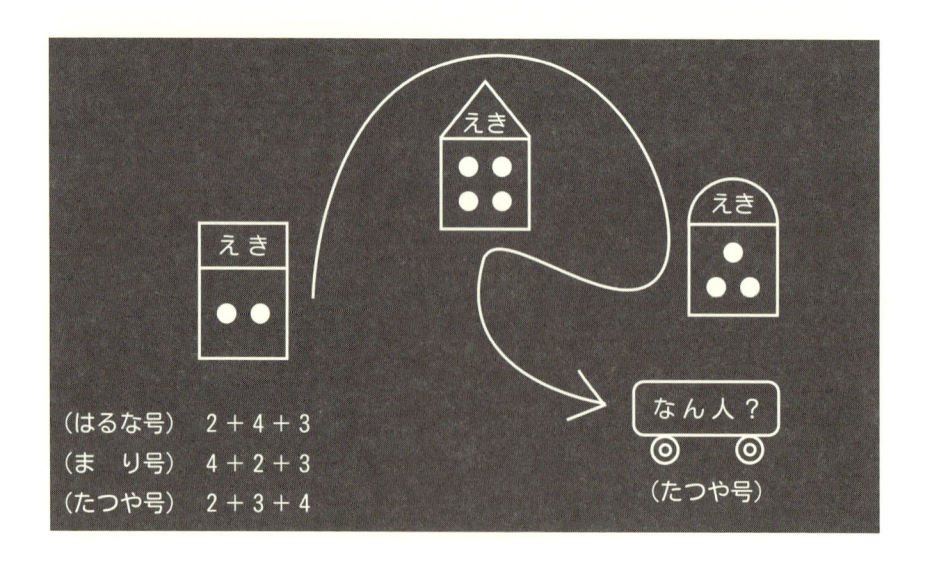

```
（はるな号）　2＋4＋3
（ま　り号）　4＋2＋3
（たつや号）　2＋3＋4
```

17 発問づくりの修業

> 具体的で，子どもに食い込んでいく発問をつくろうと頑張っているのですがなかなかつくれません。どのようなことをすれば，いい発問がつくれるようになるのですか？

◆子どもに食い込むような発問をつくるために，教師は皆日々努力しています。

◆私も発問には，「タテの問い」と「ヨコの問い」の2つがあることを見つけ出すまでに，ずいぶんと長い年月がかかりました。また，実践事例を通して「具体的な発問」を探ることにも苦労しました。

◎長い年月をかけて，「発問づくりの修業」は，こうして行うといいのだと気づいたことがあります。それをお話しましょう。

【知恵袋】

発問づくりの修業法
① 教材研究することが基本。
② 先行実践例を調べる。
③ 日々の人間観察をする。
④ 即応力を身につける。

① 当たり前のことですが，教材研究することが基本です

○教材の構造は，どうなっているのか。
○教材の中核は何か。
○他の学年の教材との関連はどうなっているのか。
　このようなことを指導要領や指導書，解説書を手がかりに調べます。

② 「先行実践例」も調べることをお勧めします

○研ぎ澄ました眼力を持って指導案を練り上げ，子どもたちと真摯にぶつかり合って築き上げられた先行実践があります。調べていると「さすが！」と感嘆させられる実践にも出会います。
○先行実践を調べることが授業力アップにもなります。
○教材研究，先行実践を調べることは，活字を通しての修業です。
　でも，活字を通しただけの修業では，「生きた発問をつくる力」はなかなかつきません。

③ 日々の人間観察が「発問づくり」に役立ちます

○人間観察と発問とは何の関係があるのと思われるでしょうが，人間観察の蓄えこそが，「発問づくりの修業」のポイントです。

◎私が低学年の2年生を担任した時のお話をします。
○給食時間の前に手洗いをさせます。子どもたちは，水道のカランをいっぱいに開け，はじき飛ばすように水を出します。服まで水しぶきで濡れるほどです。
○見かねて「水は，そんなにジャージャー出すものではありません」「少しずつ出して，手を洗いなさい」と注意します。
　その場では，水道のカランを閉め少しずつ出します。
○次の日の給食時間前，また同じような場面に出会いました。
　ベテランの低学年担任の先生は，「水を鉛筆の太さくらいにして出しなさい」と静かにさらりと注意されます。
　周りの子どもたちは，「うん，わかった」とみんな適量に出し手を洗い出しました。私は，「さすが，ベテラン」と感激しました。そして，いつもの習慣で即，「いただき」とメモを取りました。

○低学年担任の時，ベテランの先生の指示，行動を細かに追いかけました。
○低学年の子どもには，抽象的な言葉は入りません。
一言一言すべてが具体的です。
高学年では経験できない具体的な言葉の連続の世界です。メモを書きまくりました。
○低学年での行動・言葉観察の蓄えが，「ヨコからの発問づくり」の勘を築いたようです。

授業展開の決め手・即応力

①　教師力，特に授業力の究極は，「即応力」です

○授業展開の途中で予期せぬ反応，発言が飛び出します。
そのような時，「少し待って，そんな意見が出ると予想していなかったので，今少し考えるから待ってね」（口に出しませんが）とは行きません。
○とっさに対応しなければなりません。
何秒間という中で判断し手立てを講じなければなりません。
○まさしく「即応力の勝負」です。

②　「即応力」は，簡単には身につきません

○長い修業の結晶である「勘働き」が決め手となります。
「勘働き」は，日々の人間観察の累積が土台となっています。
水道の水を出す時には「鉛筆の太さで」，クツを揃える時には「仲良しで」という観察の累積を行っている間に自然に，多様な場面での具体的な対応策の勘ができてきます。
○こうして培われた「勘働き」が授業展開の中で，「即応力」として威

○ぼんやりと日々の出来事を眺めている人と，意図的に周りの人の行動・言葉の観察を続けている人。この少しの違いが，長い年月の間に大きな違いとなっていくものです。
○若い皆さんに是非「人間観察からの生きた学び」をお勧めします。

●ちょっといいお話●

人間観察の威力

「人間観察」に関するおもしろいエピソードがありますので，「コーヒータイム」として語っておきましょう。

① 超名俳優・森繁久弥さんにまつわるお話です

○森繁さんの名優ぶりは，アドリブの台詞にあったと言われています。
○舞台であっても，テレビ番組の収録，生番組であっても，いつも意外な場面で台本にないアドリブが飛び出してきたそうです。
○森繁さん本人は，勘働きでアドリブを言われるのでしょうが，相手方は台本に書かれていないことを言われるので，それにとっさに応答するのに大変だったそうです。
○「どうして，そんなにアドリブを入れられるのですか」とたずねると，「台本の台詞よりも人間の行動や心情に合っているから」と悠然と語られたそうです。
　「役者修業とは，台詞を正確に覚えることにあるのではない。日々の人間の喜怒哀楽をじっくり観察することにある。人間観察なしに役者修業はできない。

人間の観察を通して，人間の奥底に潜む心の動きを見きわめる眼力が必要である。
そして，奥底に潜む心の動きを形として表現することが本物の役者というものじゃ」
と周りの若手役者に諭されたそうです。

② このエピソードは，私たち教師修業にも当てはまります

○「役者修業」も「教師修業」も人を相手とする修業には共通したものがありますね。
○このエピソードを聞いた時，「人間観察」への重みが感じられました。
そしてまた，私の修業法にも自信を持ちました。

18 作業のさせ方のコツ

> 子どもたちに作業をさせていると何か無駄な時間と思える時があるのですが，作業をさせる際，どのようなことに配慮すればよいのですか？

◆どの教科の授業でも作業の時間が必ずあります。作業を通して自分の考えを持つことが学習の出発点だからです。

◆作業をさせる時には，「はじめ・なか・おわり」でそれぞれの場で目配りしなければならないことがあります。

◎場面ごとに，作業を進めさせる際の留意点を挙げてみましょう。

知恵袋

作業の3つの気配り
① 作業指示直後の目配り
② 作業中の目配り
③ 作業後の目配り

作業指示直後の目配り

> 作業指示の直後，どんな目配りをすればいいの？

① 作業指示を出した直後に全体の動きを見ます

○作業指示を出した直後に視線をぐるっと動かし，指示が徹底できたかどうか把握します。個人差がありますが，私は，黒板を背に時計回りに視線を動かし子どもたちの動きを捉えます。（おかしなもので，私

は時計と反対回りに視線を移動させると子どもの全体の動きをパッと把握できません。皆さんは，時計回りのタイプですか，それとも反対回りのタイプですか。）
○特に，手の動きに注目して見ます。
　指示と同時に鉛筆が動き出しているか。じっと身構えだけしている状態かを瞬時に見きわめます。

②　作業中断の指示は，開始の指示後，30秒内に出します

○大半の子どもたちが作業に取りかかっていない時は，即，作業を中断させる指示「ストップ」をかけ，作業を中断させます。
　即，作業に取りかかれないということは，作業指示が子どもたちの中へ入っていないということです。もう一度，補説する必要があるということです。
○作業指示後，机間巡視を一巡した後，3分間も経ってから「ちょっと待って，もう一度説明するよ」と作業の補充説明をする場合がよく見られます。それもきっちり作業中断の指示を出さないで，子どもたちに補説することが多いです。
○作業中断の指示をはっきり出し，きっちりと作業を中断させます。作業を中断したことを見きわめてから，補充説明を加えます。

③　作業が中断したことを見届ける。その後に，補説します

○作業をさせる時には，「指示」→「確認」→「補説」と一つひとつ明確に区分して行うことが大切です。
○「明確に区分された教授活動」が「授業に快いリズム」を生み出す基本です。

④ 3分も経過してから行う補充説明は，授業の無駄です

○作業開始から3分も経過してから，「少し待って」と慌てて補充説明する光景をよく目にします。
○授業を混乱させる原因になります。
　3分間行っていた作業時間が無駄であったということになります。
○だから，作業指示直後に子どもたちの動きを全体把握することが，作業成功のポイントになるわけです。

作業中の目配り

作業中は，どんな目配りをすればいいの？

① 作業中には3つの目配りが大切です

○作業進行の目配り（作業目的をつかんで作業を進めているか）
○考え把握の目配り（作業を通してどのような考えをつかんだか）
○組織化の目配り（作業後，どのような話し合いを展開するか）

② 作業中の目配りは机間巡視という教師の動きとなって現れます

　（近年は「机間巡視」と言わず「机間支援」と言うそうですが，ここではあえて「机間巡視」という言葉を使って説明します。）
○「3つの目配り」の具体的なやり方は，机間巡視の項で詳しく語ります。（「19　3つのねらいに即した机間巡視」(P.106)を見てください。詳しく述べてあります。）
　ここでは，作業中の教師の態度について触れておきましょう。

○子どもたちが作業をしている間，はっきりした意図もなく机の間をぶらぶらと歩き回る行動を目にします。

これは，「机間散歩」と言われる行動で，意味のない教授行動ですから厳禁です。

○また，小学校では滅多に見られませんが，中学校で目にすることがよくあります。教師の腕組みの姿です。

児童・生徒が作業している間，作業終了を漠然と待っているかのように「腕組み」をしている。この態度も厳禁です。

一見して，教師の授業への熱意が疑われます。

○逆に，小学校で多く見られる注意すべき教師行動は，細かな道具並べをする姿です。

作業後に使用する小道具を棚や引き出しからガサゴソと取り出し，机の上に配置する姿です。作業後の準備をしているのでしょうが，授業準備の不手際を自ら披露しているように感じます。できる限り慎んだ方がよい行動です。

③ 作業中の個別指導には工夫が必要です

○作業中に個別指導をする姿もよく見受けられます。一見丁寧な指導をされているように見えますが，ズバリ言いますとあまり効果はありません。

○ほとんどの場合，中途半端な指導に終わってしまいます。

○また，個別指導を必要とするすべての子へ手が回らないのが現状です。

「今度，またね」とその場を切り抜けますが，分からないままに少しの助言ももらえなかった子は不満を持ちます。
○個別への手立てについては，机間巡視の項で詳しく述べます。
　「個別指導の札の活用」や「隠し黒板の活用」など，多様な個別対応の方法があります。（「20　個別への対応の仕方①」（P.111）を参照ください。有効な方法を紹介してあります。）

●ちょっとした工夫を●
―「小物入れかご」の準備をお勧めします―

・授業中に使用する小道具は，かごに入れて整理しておきましょう。
・方法は，簡単です。百円ショップでＡ４サイズの小物入れかごを20個くらい買い込みます。
・この小物入れかごにマジック，用紙，模型図などを整理して入れておきます。授業中のどんな場面でも整然と使用できます。
・また，子どもたちも何がどこに入っているかを自然に覚え，必要に応じて自由に使いこなすようになります。

作業後の目配り

> 作業の後にも目配りすることがあるのですか？

①　まずすべきことは，作業に使った用具の整頓です

○のり，はさみ，定規など，次の授業展開に不必要な物をさっと片づけさせます。特に低学年の場合には必要な作業です。

○「使わない物を片づけましょう」と指示しなくても，自然に片づけることを習慣化させておきましょう。「学習の小さな約束事」として学年初めに指導すれば簡単に習慣化できます。

このような小さなことへの目配りが授業をリズミカルに進めます。

② 次に大切なことは，作業後に「空白の時間」を持たせないことです

○作業後に，全体討議の時間となることくらいは日々の授業展開から見通せます。

作業後，直ちに「自分の考えとしてはっきりしたことは何か」を振り返らせます。

○これも学習の習慣です。話し合いが始まるまで，先生の指示が出るまで，ぼんやりしているか振り返りを始めるかは，日々の授業展開の積み重ねの中で習慣化されていきます。

教師の授業リズムと深い関係があります。

○「そんなに急がなくてもいいのではないか」という意見もあるでしょうが，学習を通して動き始めた脳の回転は，無駄な空白の一時を持つと回転が鈍くなり，学習への集中を低下させてしまいます。子どもたちが快いと感ずる行動リズムは，教師が考えているよりもスピーディです。

◎「作業のさせ方」の項は，「机間巡視の方法」の項と合わせてお読みください。より具体的な展開のイメージがつかめます。

3つのねらいに即した机間巡視

> 子どもたちが作業をしている間，作業の様子を見ながら机間巡視しているのですが，机間巡視のもっと効果的な方法があるのでしょうか？

◆机間巡視は，何となく子どもたちの作業の様子を見て回る「机間散歩」ではありません。

◆机間巡視は，授業を展開し組織していく上で大切な働きを持っています。

◆机間巡視には，3つのねらいと働きがあります。
　「今，どのねらいのために机間巡視しているのか」をはっきり意識して行うことが大切です。

机間巡視の3つのねらい

① 作業の進行状況を把握する。
② 子どもたちの考えを把握する。
③ 話し合いを組織化する作戦を練る。

◆授業実践のビデオ撮りを繰り返し，子どもたちに作業をさせている時の教師の行動を細かく分析してみました。

◎教師の行動分析から「机間巡視の仕方」をつかみ出しました。
　この方法は，ぶらぶら歩き回る「机間散歩」ではなく，効果のある本物の「机間巡視」へと力量をアップさせる方法です。
　（近年は，「机間巡視」とは言わずに，「机間支援」と言うようですが，ここでは，あえて「机間巡視」という言葉を使って語ります。）

① 作業進行の把握（作業の目的をつかんで作業を進めているか）

○作業活動の指示を出し，全員の子どもたちが作業に取り組み出したことをまず確認します。
○作業に取り組み始めたことが確認できたら，1回目の机間巡視を行います。
　目的は，「作業の目的をつかんで作業を進めているか」を見きわめることです。
○子どもたちの作業の進め方をサラッと見れば分かります。
　この時，「今日の学習について来られないのではないか」と気にかかる子どもの作業の進め方は注意深く見ます。
　「ヒント，誘導が必要だ」と感じた場合は，そっと肩をたたくなどの合図を出しておきます。
○1回目の机間巡視を終えたら，合図を出しておいた子どもたちへの個別指導を行います。特別な方法を工夫して行います。
○「個への対応」の項で詳しく述べますが，1回目に机間巡視しながらの個別の指導は避けます。中途半端な個別指導になり，効果が上がらないからです。

② 考えの把握（作業を通して，どのような考えをつかみ出したか）

○特別に工夫した個別の指導後，2回目の机間巡視を行います。
　「作業を通して，どのような考えをつかみ出したか」を把握することがねらいです。
○座席表を持っていて考えをメモする。
　授業の組み立ての際に作成しておいた「考えのチェック表」に記名す

る。
　このような方法でメモを書き込みながら，子どもの考えをつかみます。
○しかし，メモを書き込むことばかりに気をとられていると，時間がかかり過ぎ，全体の把握ができなくなります。
　サッと見て，子どもの考えをつかむ修業が必要です。
○私は，「信号機」と命名した小道具を使って，考えをつかみ，考えの深まり，広まりを推奨してきました。
　（「信号機」の作り方，使い方は，個別対応の項で述べます。）

③　組織化の作戦づくり（話し合いを組織する作戦を練る）

○作業活動を終えた後の授業展開は，考えを出し合い，全体討議を通して考えを広めたり深めたりする場面へ進みます。
○どのような全体討議を展開させるかが，授業成否のポイントです。
　全体討議に広まり深まりが生まれるかどうかは，3回目の机間巡視の仕方にかかっています。
○3回目の机間巡視は，話し合いを組織化する作戦を練ることを念頭に置いて行います。
○3回目の机間巡視は，きわめて大切です。
　話し合い，全体討議がうまく進まない原因のほとんどは，「話し合いを組織化する作戦を練る場」を授業展開の途中に設けていないためです。
○3回目の机間巡視は，全体を見回しながら作戦を練ります。
　・まず，初めにどの子の考えを出させるか。
　・初めの考えと同じ考えをしている子は何人ほどいるか。
　・初めの考えを補強説明する子は，どの子か。
　・違う考えをどの子から発言させるか。
　・違う考えをしている子は何人ほどいるか。

- 初めの考えと違う考えの比較からどんな考えが出るか。
- 比較の考えを出せる子はどの子か。
- 考えを広めている子はどの子か。
- 広めている子は何人いるか。
- 広めた考えを出した時話し合いはどのように進むか。
- 発展的な考えの話し合いをリードしていける子はどの子か。

○このように話し合いの組織化を練りながら机間巡視をします。
　授業を計画する段階で，子どもたちの反応を予想し，「思考の流れ」を描いていたはずです。その流れが実際の展開にどのように現れているかを見定める作業です。

○話し合いを具体的に組織化していく作戦・方策を練らないままで全体討議の場へ進めていくと，話し合いに混乱が生じます。

○机間巡視しながら，「話し合いの組織化を練る」。
　この勘をつかむには相当の修業が必要です。
　「話し合いの組織化を練る」という意識を持って，机間巡視を習慣化していくことです。
　充実した授業を演出できるようになります。

○このような机間巡視の隠れたコツは，誰も語ってくれません。
　しかし，「授業名人」と言われる方は，自然に実行されています。

知恵袋

机間巡視の注意点
机間巡視と個別の指導とを区別せよ！

机間巡視の注意点

○机間巡視の時，子どもたちの机の間を回りながら個別指導している授業光景をよく目にします。きめ細かに配慮した授業展開のように見え

ますが，効果はあまりありません。
○個別指導と机間巡視とは，きっちり区別して行うことが大切です。ねらいが違うからです。
○机間巡視には，前述したように3つのねらいがあります。
　作業進行の把握。考えの把握。話し合いを組織化する作戦を練る。
○3つのねらいのために行っている机間巡視の間に個別指導を挟み込むと，3つのねらいが達成できず中途半端なものになってしまいます。その結果，話し合い活動が組織できなくなり授業が深まりのないものとなります。
○個別指導は，個別指導として，場と確かな方策を持って行う必要があります。
○個別指導の効果的な方法については，別の項で詳しく説明します。

考えのチェック表

面積（公倍数）	人数（公倍数）	1㎡あたり	1人あたり	その他
Ⓐ15㎡×2＝30㎡ 30人×2＝60人	Ⓐ30人×5＝150人 15㎡×5＝75㎡	Ⓐ 30人÷15＝2人(㎡)	Ⓐ 15㎡÷30＝0.5㎡(人)	5㎡を利用して
Ⓒ10㎡×3＝30㎡ 25人×3＝75人	Ⓒ25人×6＝150人 10㎡×6＝60㎡	Ⓒ 25人÷10＝2.5人(㎡)	Ⓒ 10㎡÷25＝0.4㎡(人)	
（○の児童名）	（○の児童名）	（○の児童名）	（○の児童名）	
（×の児童名）	（×の児童名）	（×の児童名）	（×の児童名）	Ⓐ（15㎡，30人） Ⓒ（10㎡，25人）

20 個別への対応の仕方①

> 授業を進めていると、どうしても個別にヒントや助言を与えたり、時には丁寧な指導をしたりしなければならない時があります。
> 限られた短い時間の中で効率的に、個々の分かり方に対応して指導を進める方法はないですか?

◆一斉指導を中心に進める授業では、必ず個へのきめ細かな指導が問題となりますね。

◆助言を与えたり、時には一対一で指導したりしなければ、授業について来られない子どもがいます。

◆また、逆に発展的な考えに気づいている子どもたちには、少し誘導さえすればまとまった考えをつくり上げられるのにと思う場面もありますね。

◆一斉指導の中で「個への対応」をどのような方法で行うか。教師皆が抱えている悩みです。

◎長い実践経験から会得した方法を紹介します。手軽に誰でもできる方法です。是非試みてください。

個への対応・3つの方法

① 直接指導で誘導が必要な子への対応方法
② 間接的な誘導で学習を進める子への対応方法
③ 発展的な考えをしている子への対応方法

直接指導で誘導が必要な子への対応方法

> 一斉指導を行っている時、直接指導でどのように誘導するの？

① 机間巡視の時、合図を送っておきます

○作業をさせている時、机間巡視を行います。その時、作業が進められず、考え方も見つけられない子どもたちに合図を送っておきます。
○合図の送り方にはいろいろあります。各教室での「学習の小さな約束事」として決めておきます。
○私がよく行った方法を紹介しておきましょう。
  ・机間巡視の際に軽く肩をたたく。
  ・机の上にそっと「赤い札」(チェック用の札) を置く。
  ・子どもの机の上に置いてある「信号機」を立てる。
  (「信号機」とは、私が発案し作成した反応を表示する小道具です。つくり方、活用の仕方は、後で詳しく述べます。)
○このような方法で「後でヒントをあげるよ」という合図をしておきます。

② 「隠し黒板」の所に集めます

○1回目の机間巡視が終わった直後に「ヒントいる人、おいで」と誘いかけ、事前に合図信号を送っておいた子どもたちを「隠し黒板」の所に集めます。

③ 「隠し黒板」を使って、集まってきた子たちに補説します

○「前のどのお勉強と同じかな」「ここに線を1本引くと三角形がいく

第2章　授業を進める知恵

つできることになるかな」などの誘導助言をします。
○誘導助言を聞いていて「分かった！」と気づいた子から，自分の座席に戻り作業を続けます。
○1人，2人と自分の席に戻っていきます。
○でも，もっと指導が必要な子には，丁寧な指導の手を加えます。
　「ここに線を入れると三角形が2つできるでしょう」
　「三角形の内角の和は，何度だった」
　「そう，180度だったね」
　「180が2つあるのだから……」
　「もう，自分でできるでしょう」
○「後は，自分でやれる！」と子どもたちは，席へ戻っていきます。

「隠し黒板」とは……
黒板の横に置く移動式の補助黒板のことです。
通常の設置黒板と反対向きに置きます。
子どもたちには隠し黒板の裏が見える状態で置きます。
子ども側からは，どのようなヒント指導がされているかは分かりません。
だから「隠し黒板」と命名しました。

「隠し黒板」は，子どもたちに人気があります。
裏でどのようなことが教えられているのか。興味津々です。
ですから，「隠し黒板」に集まることには誰も抵抗を持ちません。

教室に1つあると便利な個別指導の道具です。
皆さんの教室にも備えられたらいかがですか。
便利ですよ！

113

④ 誰でも手軽にできる最適な方法です

○机間巡視の時，合図を送っておく。
○1回目の机間巡視直後に「隠し黒板」の所に集める。
○そこで，誘導助言や指導を行う。
○「自分で，やれそう！」と思った子から自分の座席へ戻る。
○手順は，たったこれだけです。しかも，特別な教具を準備しなくても短時間でできます。

⑤ 変な劣等意識を持たせない方法です

○個別に指導されると，「私は，遅れている」という意識を持たせてしまうことが多いのですが，この方法の場合は，「自分の力でやれる」と自己判断した場合には，自分の席へ自由に戻ります。
○変な劣等意識は，まったく持ちません。
○個別に助言やヒントをもらった子どもたちは，生き生きと学習を進めていきます。

21 個別への対応の仕方②

「個別への対応の仕方」には，いろいろなやり方があることが分かってきました。他にどのようなやり方があるのですか？

◆個別の指導の仕方には，いろいろな方法があります。

◎手軽にできる方法をもう１つ紹介しましょう。

> 間接的な誘導で学習を進める子への対応方法

手軽にできる方法ですか？

◆皆さんの教室でも実施されている方法だと思いますが，手順をまとめておきましょう。

① 教室の片隅に個別指導作業コーナーを設けます

○個別指導ができるように教室の片隅に大型のテーブルを設置します。
○コーナーには，用紙，器具（ものさし，はさみ，テープ等），教具などがすぐ使えるように常設しておきます。

② 一斉作業を開始したら，個別に指導を受けたい子が集まります

○自己判断で個別指導作業コーナーへ集まる方法と，机間巡視の時に合図をしておいた子が集まる方法もあります。
日常の授業展開のおりに「学習を進める小さな約束事」として指導しておけばスムーズに活用できます。

③ 個別指導作業コーナーに集まった子に補説誘導を行います

○個別指導作業コーナーに集まった子一人ひとりに個別に補説するのではありません。(理想は，一人ひとりに個別に補説誘導すればいいのでしょうが，時間制限があり現実には不可能です。)
○教師の補説誘導で作業の進め方がつかめた子から自分の席へ戻り，自力学習を進めます。
○残っている子どもたちには，小刻みの質問を繰り返し，解決へと導きます。

④ 「ヒントカード」で誘導する方法もあります

○個別指導作業コーナーに「ヒントカード」を準備しておきます。
　個別指導作業コーナーに集まった子どもたちは，ヒントカードを手がかりに解決の方法を探ります。
　1枚のヒントカードでは見通しの立たない子は，次のヒントカードを手がかりとします。
○ヒントカードでの誘導には限界があります。教師が子どもたちの反応を見きわめながら補説誘導するのと違って，ヒントカードが子どもたちに適切な誘導にならない場合があります。
○ヒントカードは，事前にきっちり準備しなければならないという手間もかかります。
○ヒントカードの作成の手助けになるものがあります。教科書に記載されているキャラクターの吹き出しです。キャラクターの吹き出しが考えを進めるヒントになっています。
　教科書のキャラクターの吹き出しをうまく活用すると，ヒントカードを作成する手がかりとなります。
○教科書をうまく使うことも指導効率を上げるコツです。

第2章　授業を進める知恵

発展的な考えをしている子への対応方法

> 学習内容をよく理解し，発展的な考えをしている子もいます。どのように対応すればいいの？

◆子どもたちの中には予想をはるかに超えて発展的な考えに気づいている子もいますね。
◆ところが，学習に遅れがちになる子へは丁寧に対応するのですが，進んだ考えをしている子への対応が抜けてしまう場合が多いですね。
◆発展的な考えを授業に活かすことで授業の質を高めることができます。

①　2回目の机間巡視の際に励ましの合図を送ります

○「広げて考えている」「見方を変えて考えている」「他の事例にも当てはめている」と感じられた子の「信号機」を「青」に変えてやります。（「信号機を青に変える」という合図は，「あなたの考えていることは，素晴らしいよ！」という認めと激励を示しています。）
○また，一言「すごいよ！」と声かけをします。（「どこがどのように素晴らしいのか」などのくどい説明は不要です。）
　それだけで，自信を持って，発展的な考えを確かなものにしようと学習に集中し追求していきます。

②　発展的な考えをしている子にも支援をします

○発展的な考えを進めている子も行き詰まったりする時があります。そんな時には「先生，この後は……」と先生に助言を求めに来るようにしておきます。（「援助がほしい時には，いつでも先生のところへ来る」という「学習の小さな約束事」をつくっておけば自然な形でできます。）

③ 発展的な考えを発表できる場を演出します

〇発展的な考えに気づき追求していた子どもたちは，次の学習場面である全体討議の場で，必ず発表させるように話し合いを組み立てます。
〇追求が途中までであっても発表させ，全体への新しい問題とさせます。
〇途中まで追求した発展的な考えの発表を全体の場へ持ち込むことによって，授業の質が徐々に上がっていきます。
〇また，子どもたちの思考が柔軟になり，豊かな思考を繰り広げられるようになってきます。

④ 授業の質を高める契機にします

〇発展的な考えをしている子を授業展開の中に活かしていくことが，無理なく自然な流れで子どもの思考を高め，授業の質を高める隠れたコツです。
〇これまでに出会った授業の名人と言われる人は，授業の質を高めるために発展的な考えを実に巧みに活かしておられました。

22 学習状況を表示する小道具
― 「信号機」のつくり方と使い方 ―

> 個への対応，学習の反応の表示などに威力を発揮するという「信号機」は，どのようにつくり，またどのように活用するのですか？

◆学習作業がどこまで進んでいるのか。授業展開の途中のどこでつまずき出したのか。また，全体討議の中でどの考えに賛同しているのか。このようなことが手軽に簡単に把握できれば，授業展開がしやすくなりますね。

◆「信号機」は，授業展開を手助けしてくれる小道具です。

◆赤・青・黄・白の4色でできていて，子どもたちが「信号機みたい」と言い出したことから，「信号機」と命名しました。

あると便利な「信号機」

① 学習作業の進み具合が即，つかめる。
② 授業展開のどこでつまずいたかがつかめる。
③ 全体討議の場で，どの考えに賛同しているかがつかめる。

つくり方

> 誰でも簡単につくれるの？

① 4cm×4cmくらいの角材を準備します

○ホームセンターへ行くとあります。購入する時，長い角材を長さ 10 cm にカットしてもらいます。

子どもの人数分，40 個くらい準備します。

カットして小さくなった角材をサンダーにかけてもらい，カット面や角をきれいにしてもらいます。どのホームセンターでもお願いすれば簡単にやってくれます。

②　小さくなった角材に色を塗ります

○4 つの面に 1 色ずつ，赤・青・黄・白の 4 色を塗ります。

絵の具を使いますが，水で薄めないで塗ります。水を使うと色が流れたり色が薄くなり過ぎたりします。

また，角材を立てて 1 面ずつ塗っていくと簡単に色塗りができます。

4 年生以上の子どもたちは自分たちで色塗りできます。

③　色塗り後，乾燥させます

○1 日で完全に乾き，色も安定します。

④　色塗りができた角材にセロハンテープを巻きつけます

○角材に色塗りし乾燥させますが，このままでは触れると色が手につきます。

○そこで，セロハンテープを巻きつけ，表面を保護します。テープカット台にテープをつけたまま，テープを延ばしながら少し斜めに巻きつけていくと簡単にできます。テー

プの巻きつけができれば「信号機」の完成です。
○誰でも簡単につくれます。

|使い方|

> どのように使うの？　使い方はいろいろあるの？

① 「色の表示の仕方」について子どもたちと約束して使います

○最初は白色を前へ向けて置く。(上側が黄色，手前が赤色，下側が青色)
○作業などを始めた時，やり方・見通しが立った場合は黄色にする。
○白色のままの状態の時は，見通しが立てられていないことがすぐつかめます。
○作業や話し合いが進んでいる時に，分からなくなった場合は，赤色にする。
　(授業展開の途中で赤色が多くなった場面で，どこが理解できないかたずねたり，補説したりする。子どもたちの分かり方に的確に対応した展開ができます。)
○作業が完了した場合は，青色にする。
　「作業が終わった人」とたずねなくても作業完了の状況が簡単につかめます。
○より発展的な取り組みをしている場合は，白色を出します。
○是非発表しみんなで討議したい事柄がある場合は，信号機を立てます。

② 机間巡視の際，2つの有効な使い方があります

○1回目の机間巡視をしている途中で，見通しが持てない個別の指導が必要な子が見つかります。そのような場合には，そっと信号機を立て

ます。
○信号機を立てた子には，1回目の机間巡視直後に個別の指導を行います。
○子どもの考えをつかむ2回目の机間巡視の時，発展的ですごい着想をしている子の信号機を青色に変えてやります。
○「あなたの考えはすごいよ！」「粘り強く追求してね！」という暗黙の容認と激励になります。青色に変えられた子は，必ず自信に満ちた笑顔を見せます。
　信号機を通しての無言の心の通じ合いが生まれます。

③　活用場面は，多様にあります

○授業展開の中で選択肢を出した時にも有効に使えます。
○三肢選択の場面では，アは赤色，イは黄色，ウは青色などのように表示させれば即，どの子がどの選択肢を選んだかが把握できます。
○また，話し合いを通して選択肢が変われば色も変えます。話し合いを通しながらどの選択肢の考えに子どもたちは流れているかを，色の変化で手軽に把握することができます。
　場面ごとに挙手を求めなくても簡単にできるところが信号機のよさです。
○授業展開の途中で赤色が多くなった場面で，どこが理解できないかたずねたり，補説したりします。
　子どもたちの分かり方に的確に対応した展開ができます。
○子どもたちの動きに合わせて使用すれば，活用方法はまだまだ出てきます。

◎「信号機」とは，色付きの小さな四角い角材です。
　この道具たった1つで，授業をスムーズに展開していけます。

23 問題解決型の授業展開

> 問題解決型の授業を中心に進めています。思わぬところに時間が取られ，なかなかうまく展開できないのですが，どこにポイントを置いて展開すればいいのですか？

◆問題解決型の授業展開が教育現場の主流になっていますね。

「問題解決型の授業は，時間がかかり過ぎる」という悩みは多くの方が持っておられます。

ズバリ教えてしまえば簡単なのですが，子どもたちに考えを練り上げさせ，原理や規則性を見つけさせる授業展開には時間がかかりますね。

◆問題解決のどの場面で子どもたちに集中的に考えさせるか。どの課題のところに時間をかけるか。授業の力点の置き方が難しいですね。

◎事例を挙げながら，問題解決型の授業のポイントについて語ってみましょう。

知恵袋　問題解決型の授業展開のポイント

① 身近で具体性のある問題に興味を持つ。
② 解決する手がかりがはっきりしている。
③ 解決の見通しが持てる。
④ 問題を解決するための問いが生まれる。
⑤ 頭の中に浮かぶイメージとつなげられる。

問題解決型の授業の組み立て

○問題解決型の授業構想は，第1章でお話したように「教えたい内容」

と「教授方式」とを組み合わせて授業イメージを描き出します。
○問題解決型の授業の流れは，言葉の使い方に少しの違いがありますが，展開過程は，「つかむ」「見通す」「解決する」などで表現されます。解決のプロセスに沿って授業を構想することが基本です。

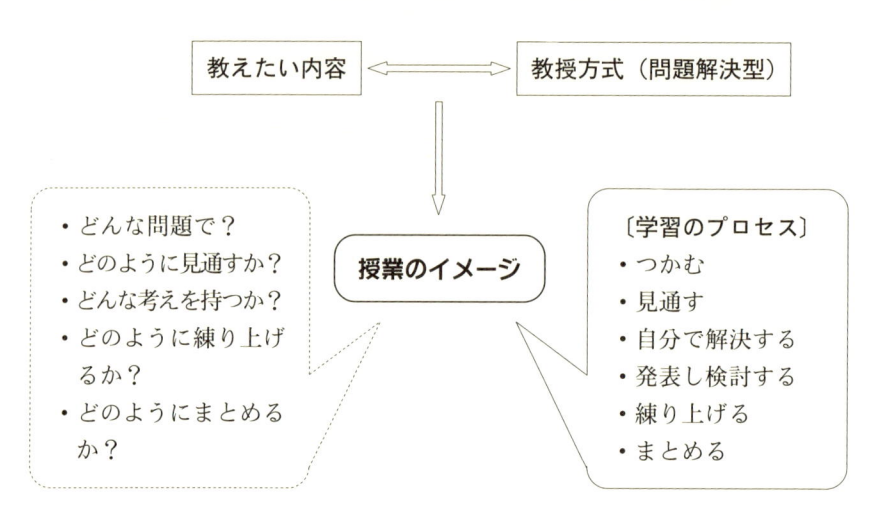

```
   教えたい内容  ⇔  教授方式（問題解決型）
              ↓
          授業のイメージ
```

- どんな問題で？
- どのように見通すか？
- どんな考えを持つか？
- どのように練り上げるか？
- どのようにまとめるか？

〔学習のプロセス〕
- つかむ
- 見通す
- 自分で解決する
- 発表し検討する
- 練り上げる
- まとめる

○「教えたい内容」と「問題解決型学習のプロセス」とを結びつけて，授業構想をあたため続けていると，いろいろな授業展開のイメージがわいてきます。と同時に，授業組み立ての問題点も浮かび上がってきます。
- どのような問題を提示するか。
- 子どもたちは，見通しをどのように立てるか。
- 自力でどこまで解決に迫れるか。
- どのような筋道をたどりながら考えを持つか。
- 子どもの考えをどのように絡ませて，練り上げさせるか。
- 問題解決の過程，練り上げの過程で，どのような見方・考え方をつかませ得るか。

○このような問題点に一つひとつ対応する方策を練りながら，授業の組

第2章　授業を進める知恵

み立てを形あるものにしていきます。

問題解決型の授業展開のポイント

◎事例を挙げながら授業展開の仕方についてお話しましょう。
　（事例：小5算数「単位量あたりの大きさ・こみぐあい」）

①　身近で具体性のある問題に興味を持ちます

○単位量あたりの考えは，わり算などの学習を通して徐々に身につけてきています。
　しかし，生活場面で「1あたり量の考え」を使って問題解決する場面の経験はあまりしていません。
○そこで，身近な「こみぐあい」を導入問題として選びました。
　「こみぐあい」も「電車がこんでいる」といった感覚的な捉え方しかしていません。
○感覚的な捉え方だけでは，問題解決のエネルギーにはなりません。
　そこで，もっと実感が味わえる体験活動を事前に取り入れました。
　放課後，体育館でマットを4枚並べ，子どもたち全員をまず4枚のマットに乗せます。
　次に，マットを1枚外します。
　さらに，もう1枚外します。
　すると，「窮屈！」「狭い！」という声がわいわい上がります。
　この体験で「こみぐあい」についての実感を持たせることができます。
　その上，「こみぐあい」の学習への意欲も持たせることができます。
　問題解決への学習エネルギーをわき起こすことができます。
○問題解決への学習エネルギーを持たせることが，問題解決型学習を成功へと導く隠れた伏線です。
○理路整然と問題解決型の授業がされているが，学ぶエネルギーを感じ

125

取れない授業がよくあります。
　整然とした論理の組み立ては重要ですが，楽しく学ぶエネルギーが感じられるように工夫することも大切です。

②　解決の手がかりがはっきりしています

○解決の手がかりをつかませるには，解決に必要な要素を意識化させる必要があります。
　解決に必要な要素を意識化させる鍵は，導入の仕方にあります。
○そこで，数値を入れない図をあえて提示します。
　大きさの違う枠内に人数を表すシールの赤い玉を貼り付けた図を提示します。数値がないので見た目での判断しかできません。
　提示された図からは，「A，B，Cのどれがこんでいるか」決定できません。
　数値を入れない図の提示によって，「A，B，Cのこみぐあい」を決定するには，「広さ」と「人数」が必要であることに気づきます。

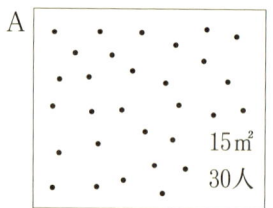

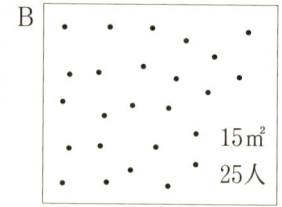

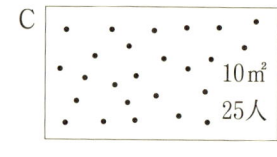

A　$15m^2$　30人
B　$15m^2$　25人
C　$10m^2$　25人

③　解決の見通しが持てます

○問題解決は，素手ではできません。何かを手がかりにしなくては解決の糸口が見えてきません。
　比較する時の基になる考えは，そろえることです。
　「そろえて比べる考え方」は，長さや重さなどの学習を通して，また

第2章 授業を進める知恵

生活経験を通して培われてきています。
○「こみぐあい」を比べる方法は，人数をそろえるか，広さをそろえるかです。そこで，広さがそろっているAとBとをまず比べます。次に，人数のそろっているBとCを比べます。
○問題となる場面は，人数も広さも違うAとCとのこみぐあいの比較です。
　ここからの展開をどのように進めるかがこの授業の勝負どころです。事前に子どもたちはどのような考えをするか，読み込んでおく必要があります。

④　問題を解決するための問いが生まれます

○問題を解決していくためには，頭の中に「問い」が生まれないと考えが進みません。
　「こみぐあい」を比較する場合どのような問いが生まれるか。つまり，どのようなことに着目し，既習の学習経験を活かしてくるかを見きわめておくことが大切です。
○公倍数の考えを使って広さや人数をそろえられないか。
　（広さ）⇒15㎡，10㎡→30㎡　⇒（人数）A×2，C×3
　（人数）⇒30人，25人→150人　⇒（広さ）A×5，C×6
○「1つ分」の考えが使えないか。
　「1㎡あたり」「1人あたり」の考えにはなかなか気づきません。
　わり算の意味理解，かけ算で「1つ分」の意識化がしっかりしていないと「こみぐあい」の比較法として気づきません。
　日常指導で筋の通った考え方を身につけさせておく必要があります。
　また，単位量あたりの学習へ入る前に事前調査・事前テストを実施し「1あたりの考え」がどの程度身についているか，把握しておくことも重要なことです。

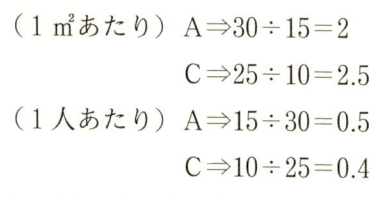

（1㎡あたり）　A⇒30÷15＝2
　　　　　　　　C⇒25÷10＝2.5
（1人あたり）　A⇒15÷30＝0.5
　　　　　　　　C⇒10÷25＝0.4

○「1㎡あたり」「1人あたり」どちらも「1あたり」で比較しているのですが，子どもが描く「こみぐあいのイメージ」に大きな違いがあります。

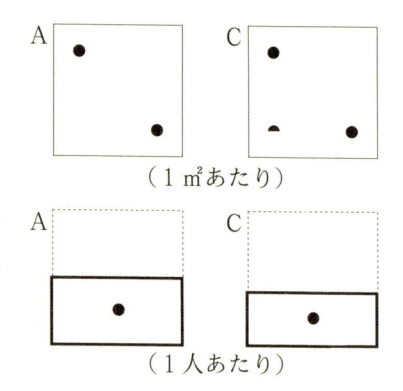

⑤　頭の中に浮かぶイメージとつなげられるでしょうか

○「1人あたり」の比較が子どものイメージとズレがあるようです。
　広さや人数をそろえて比べたことを図解させ，子どもが描いているイメージをはっきりさせる必要があります。
○そこで，授業の後半の「考えを深めさせる」場面で，人数や広さをそろえて比較したこと。また，「1あたり」の考えを使って比べたことを図に表させてみます。
○こみぐあいを調べるために比較してきた数的な操作を図解させてみることによって，考えを深めさせられると共に，数操作と頭に浮かぶイメージとをつなげさせることができます。
○数操作での比較を図解させてみると，「1㎡あたり」の比較は何とか図で表現できますが，「1人あたり」の比較には抵抗があります。
　常識的には，1人が占める広さの違いを円や四角で描けばよいと思うのですが，子どもたちには抵抗があります。
○図解することに大きな抵抗がある場合には，図解を提示し，子どもたちに数操作とつなげながら説明させる補強の手立てを講じます。

第2章　授業を進める知恵

◎「実践記録ノート」に貼り付けてあった指導案を記載します。参考にしてみてください。

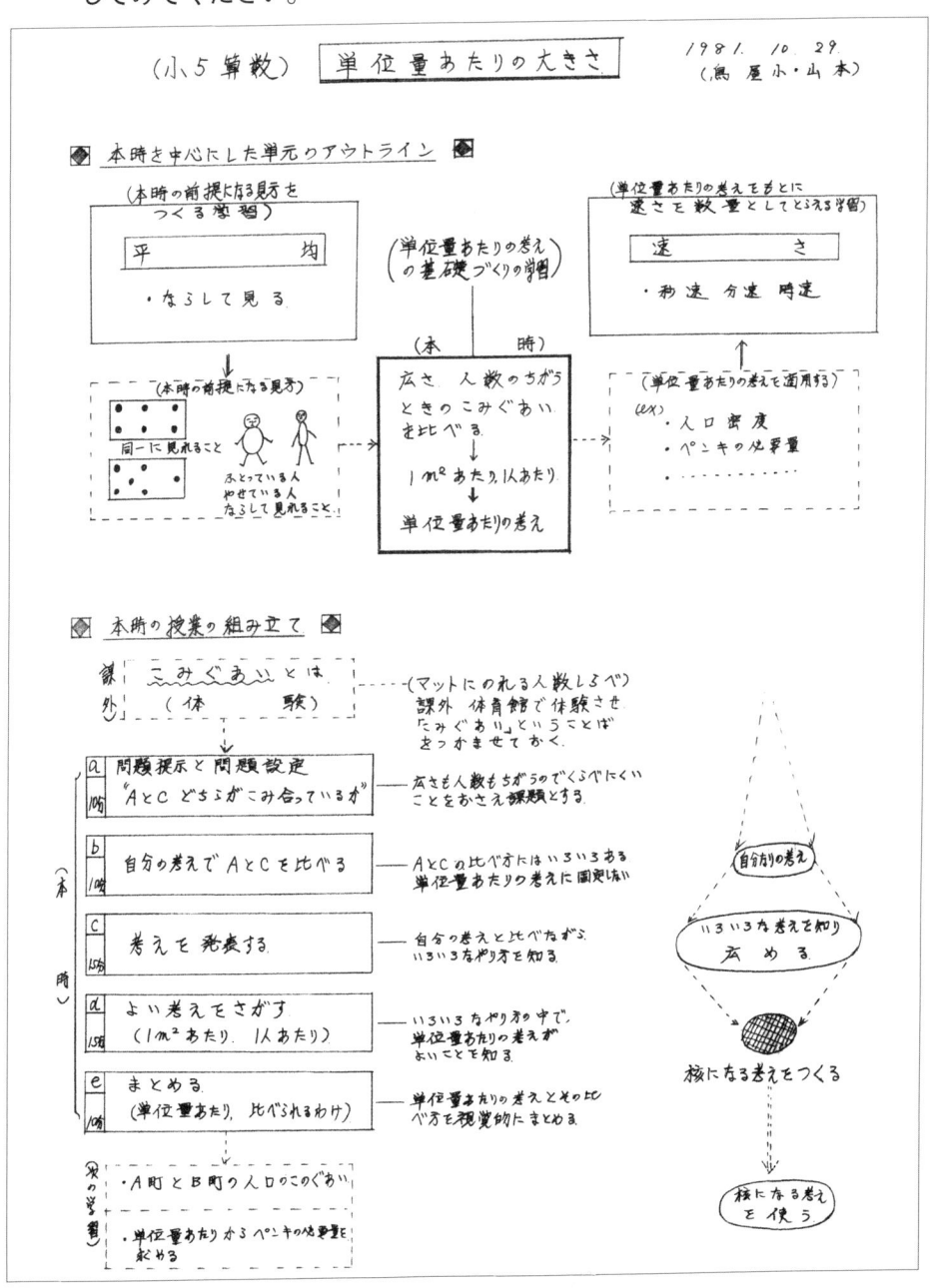

（小5算数）　単位量あたりの大きさ　　1981.10.29.
（高屋小・山本）

◆ **本時を中心とした単元のアウトライン** ◆

（本時の前提になる見方を
つくる学習）

平　　均
・ならして見る

（単位量あたりの考え
の基礎づくりの学習）

（単位量あたりの考えをもとに
速さを数量としてとらえる学習）

速　さ
・秒速 分速 時速

（本時の前提になる見方）

同一に見れること
ふとっている人
やせている人
ならして見れること

（本　時）

広さ 人数のちがう
ときのこみぐあい
を比べる
↓
1m²あたり, 1人あたり
↓
単位量あたりの考え

（単位量あたりの考えを適用する）

(ex)・人口密度
　　・ペンキの必要量

◆ **本時の授業の組み立て** ◆

課外　こみぐあいとは
　　　　　（体　　験）……（マットにのれる人数しらべ）
課外 体育館で体験させ
「こみぐあい」ということば
をつかませておく。

| a | 問題提示と問題設定 | 広さも人数もちがうのでくらべにくい |
| 10分 | "AとCどちらがこみ合っているか" | ことをおさえ課題とする |

| b | 自分の考えでAとCを比べる | AとCの比べ方にはいろいろある |
| 10分 | | 単位量あたりの考えに固定しない |

| c | 考えを発表する | 自分の考えと比べながら |
| 15分 | | いろいろなやり方を知る |

| d | よい考えをさがす | いろいろなやり方の中で、 |
| 15分 | （1m²あたり、1人あたり） | 単位量あたりの考えがよいことを知る |

| e | まとめる | 単位量あたりの考えとその比 |
| 10分 | （単位量あたり、比べられるわけ） | べ方を視覚的にまとめる |

（次の学習）
・A町とB町の人口のこみぐあい
・単位量あたりからペンキの必要量を
　求める

自分なりの考え
↓
いろいろな考えを知り
広める
↓
核になる考えをつくる
↓
核になる考え
を使う

(小5・算数) 「単位量あたりの大きさ」の授業研究にあたって

(能登部小・山本昌猷)

1. 教材について

(これまでに)　　　　　　　　　　　　(ここでは)
①同じ量での比較 - - - - - - - - - →　単位量あたりの考えを本格的に扱う。
　(長さと長さを比べる、重さと重さを比べる)　　(異種の2つの量を含む比較)
②1つ分の考え方 - - - - - - - - - →
　(かけ算やわり算を通して)
③一般にみる見方 - - - - - - - - - →
　(平均の学習を通して)
　　　　　　　　　　　　　　　　(Aの入れもの)　(比較)　(Bの入れもの)

2. 単元の大まかな流れ

　　　　　　　　　　　　　　　入れものをしきる
　　　　　　　　　　　　　　　単位量あたり

平均(3) → 単位量あたりの大きさ(5) → 速さ(5)

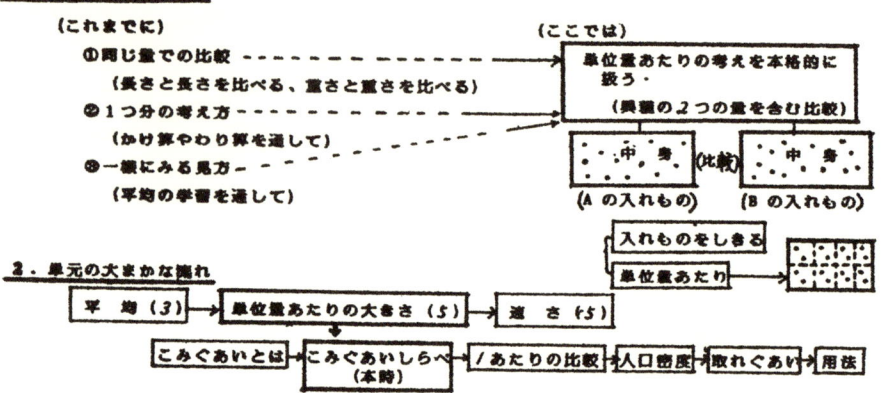

こみぐあいとは → こみぐあいしらべ(本時) → 1あたりの比較 → 人口密度 → 取れぐあい → 用法

3. 本時のねらい

①面積も人数もちがうときは、面積か人数かの一方をそろえるとくらべられることがわかる。

②1㎡あたり・1人あたりの考え方がくらべやすいことに気づく。

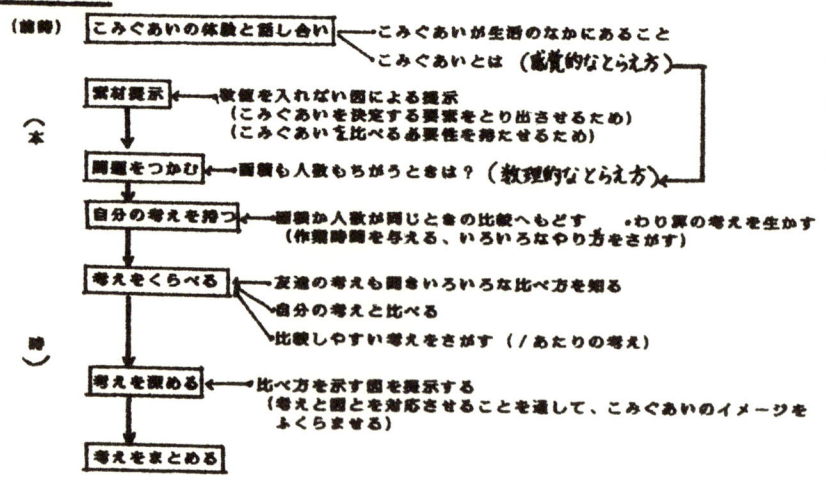

4. 授業の組み立て

(前時) こみぐあいの体験と話し合い ── こみぐあいが生活のなかにあること
　　　　　　　　　　　　　　　　　　　こみぐあいとは(感覚的なとらえ方)

(本)　素材提示 ← 数値を入れない図による提示
　　　　　　　　(こみぐあいを決定する要素をとり出させるため)
　　　　　　　　(こみぐあいを比べる必要性を持たせるため)

　　　問題をつかむ ← 面積も人数もちがうときは？(数理的なとらえ方)

　　　自分の考えを持つ ← 面積か人数が同じ時の比較へもどす　・わり算の考えを生かす
　　　　　　　　　　　　(作業時間を与える、いろいろなやり方をさがす)

　　　考えをくらべる ← 友達の考えも聞きいろいろな比べ方を知る
(時)　　　　　　　　　 自分の考えと比べる
　　　　　　　　　　　 比較しやすい考えをさがす(1あたりの考え)

　　　考えを深める ← 比べ方を示す図を提示する
　　　　　　　　　　(考えと図とを対応させることを通して、こみぐあいのイメージをふくらませる)

　　　考えをまとめる

5. 問題点

①「こみぐあい」の素材は、単位量あたりの考えを導入する上で有効な素材か。
　(入れものと中身というとらえ方からよい素材と考えたが・・・?)

②数値を入れない図の提示からの導入は効果的か

③単位量あたりの考えをつくっていくためには、どこにどんな手だてを加えなければならないか

④自分の考えを持って学習に参加させていくためには、この授業のどこに工夫を加えればよいか

⑤こみぐあいのイメージをどのようにふくらませたらよいか(図の提示は有効か、場面はよいか)

第2章　授業を進める知恵

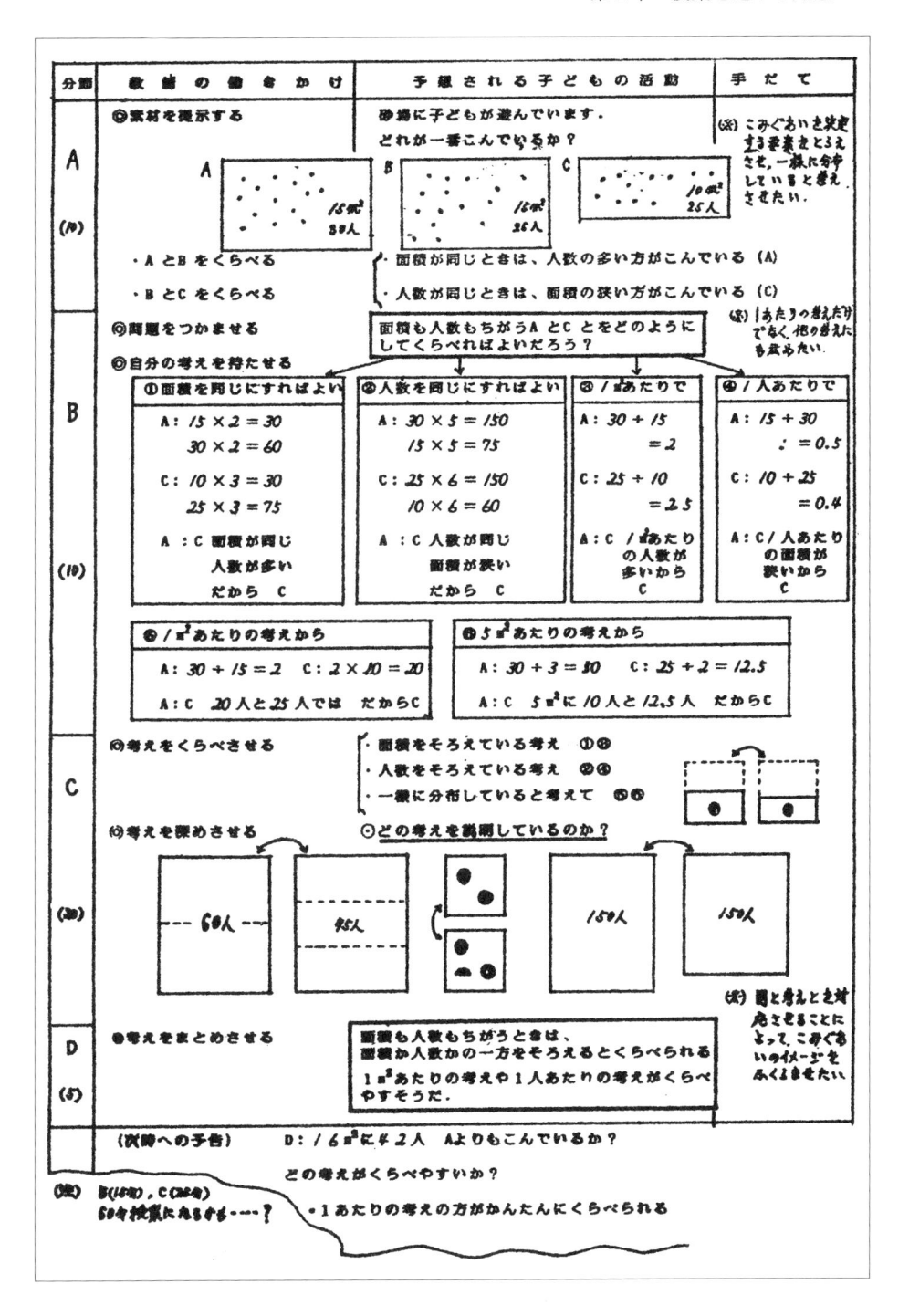

分節	教師の働きかけ	予想される子どもの活動	手だて
A (15)	◎素材を提示する A　B　C (図: 砂場に点で人を表した3つの区画 A:15m² 30人, B:15m² 25人, C:10m² 25人) ・AとBをくらべる ・BとCをくらべる	砂場に子どもが遊んでいます。 どれが一番こんでいるか？ ・面積が同じときは、人数の多い方がこんでいる (A) ・人数が同じときは、面積の狭い方がこんでいる (C)	(※) こみぐあいを決定する要素をとらえさせ、一様に分布していると考えさせたい。
B (10)	◎問題をつかませる ◎自分の考えを持たせる	面積も人数もちがうAとCとをどのようにしてくらべればよいだろう？ ①面積を同じにすればよい A: 15×2=30 　　30×2=60 C: 10×3=30 　　25×3=75 A:C 面積が同じ 　　人数が多い 　　だから C ②人数を同じにすればよい A: 30×5=150 　　15×5=75 C: 25×6=150 　　10×6=60 A:C 人数が同じ 　　面積が狭い 　　だから C ③1m²あたりで A: 30÷15 　　=2 C: 25÷10 　　=2.5 A:C 1m²あたりの人数が多いからC ④1人あたりで A: 15÷30 　　=0.5 C: 10÷25 　　=0.4 A:C 1人あたりの面積が狭いからC ⑤1m²あたりの考えから A: 30÷15=2 C: 2×10=20 A:C 20人と25人では　だからC ⑥5m²あたりの考えから A: 30÷3=10 C: 25÷2=12.5 A:C 5m²に10人と12.5人　だからC	(※) 1あたりの考えだけでなく、他の考えも広めたい。
C (20)	◎考えをくらべさせる ◎考えを深めさせる	・面積をそろえている考え　①⑥ ・人数をそろえている考え　②④ ・一様に分布していると考えて　⑤⑥ ◎どの考えを説明しているのか？ (図: 60人, 45人, 150人, 150人の区画図)	(※) 図と考えを対応させることによって、こみぐあいのイメージをふくらませたい。
D (5)	●考えをまとめさせる	面積も人数もちがうときは、面積か人数かの一方をそろえるとくらべられる 1m²あたりの考えや1人あたりの考えがくらべやすそうだ。	
	(次時への予告)	D: 16m²に42人 Aよりもこんでいるか？ どの考えがくらべやすいか？ ・1あたりの考えの方がかんたんにくらべられる	

(※) B(150), C(25人)
60分授業におさまるか……？

24 話し合いの組織化

> 子どもたちの意見をつなげて考えを深めたり広めたりしたいのですが，子どもの意見をつなげた授業をするにはどのようにしたらいいのですか？

◆授業展開の中で一番教師の腕が試されるのは，話し合いを組織していく場面ですね。教師皆が，それぞれに苦労し工夫をしている事柄です。

◆子どもの話し合いを組織化していく上で，大まかな手順があります。その原則的な流れをつかんでいれば，深まりのある授業ができるようになります。

知恵袋　話し合いの組織化の手立て

① 自分の考えを明確にする。
② 多様な考えをグルーピングする。
③ 教師の出場（でば）のタイミングを工夫する。
④ ゴールが見える話し合いの組織化を図る。

自分の考えの明確化

① 自分の考えを明確にすることが全体討議の出発点

○どのような話し合いでも，自分の考えがはっきりしていなければ討議になりません。

○理路整然と自分の考えが述べられなくても，何となくこのように思う程度の考えでもいいのです。相手の意見を聞いた時，「心の声」を聞き取れるようにしておくことが大切です。

② 皆の考えを見えるようにします

○通常の授業場面では，全体討議の前に，小黒板等でいくつかの考えが示されます。
○どの子の考えを前面に出させるかに関しては，机間巡視の時，あらかじめ作戦を練り上げておきます。

③ 自分の想いを表示させます

○小黒板に示された考えのどの考えと同じか。または，似ているのかをはっきりさせます。
○ネームプレートなどを貼り，意思表示させます。
○自分の考えが小黒板に示された考えと同じか違うか判別するには，友達の考えの内容把握ができることが前提になります。

④ 「質問タイム」を取り入れます

○よく行われる方法は，小黒板に示された子の発表を順次行わせる方法です。
○相手の考えを理解することが前提として行われますが，聞き手にとっては主体性のない一方的な語りとしか受け止められません。
○そこで，「質問タイム」をとります。
○「同じ考えはどれか」「違う考えはどれか」を判別する上で，内容のはっきりしない考えに対して質問します。
○一方的な発表とは違い，判別するための説明ですから，聞き手も真剣になります。話して分かってもらいたいとの意思が働き精一杯理路整然と説明しようとします。
○「質問タイム」によって，話し合いが単なる「おしゃべり合い」でなくなります。

⑤ 自分の考えの判別を皆にたずねます

○自分の考えがどの考えの仲間に入るのか自分で判別できない場合もあります。
○自分の考えの判別を皆にたずねることも，話し合いを活発化させるチャンスとなります。
○「私の考えは，このようなのですが，どの考えの仲間に入ればいいですか」と皆にたずねます。
　皆が，その子の考えに集中します。判別の集中を通して，小黒板に示された考えの違いをはっきりさせる観点に気づき始めます。

⑥ 自分の考えの明確化が全体討議に参加する前提土俵となります

○「質問タイム」を持ったり，判別をたずねたりすることなどを通して，自分の考えは，どの考えの仲間に入るか明確になります。

多様な考えのグルーピング

① 「考えの明確化」の次に，「多様な考えのグルーピング」へ進めます

○小黒板に示されているいくつかの考えの中から，違っているように見えるけれど「同じ考えになる」仲間を集めさせます。
○すぐに「考えの同じ仲間」を見つけられない場合，「バズ法」の話し合いを入れます。
○この場面では，グループバズが適切です。グループ内で統一の結論を求めるのではなく，どこに着目して考えれば「同じ考えのなかま」を集められるか，なかま集めの観点に気づかせることをねらいとするか

② 「三角形の求積」の事例を通して考えてみましょう

○三角形の求積学習では，次の4つの求め方が出ます。
 (ア)　三角形をすっぽり長方形で囲む（長方形，倍積法）
 (イ)　三角形の高さを半分にして長方形にする（高さ半分，等積法）
 (ウ)　三角形の底辺を半分にして長方形にする（底辺半分，等積法）
 (エ)　三角形を2つ合わせて平行四辺形にする（平行四辺形，倍積法）
○「同じ考えの仲間集め」の話し合いでは，(ア)(イ)(ウ)は，長方形に変形しているので同じ。
 (エ)は，平行四辺形に変形しているので考え方が違う。
○まず，変形した形によっての仲間集めの意見が出ます。
○話し合いを続けていると，別の仲間集めの意見が出始めます。
 (ア)(エ)は，変形している形は違うけど，三角形の面積を倍にして求めている。
 (イ)(ウ)は，三角形の面積を変えずに求めている。
○「変形する形の違い」か「面積を変える違い」か，仲間の集め方が分かれます。
○話し合いは，紛糾しますが「どちらの求め方がいいか」の決め手がありません。
○そこで，教師の出場となります。
 話し合いの組織化には，教師の出場が重要な意味を持ちます。子どもたちだけに任せておくと，這い回りの話し合いになりかねません。

（注）　這い回りの話し合い：言葉の言い換えだけで質が高まらない話し合いのこと。

話し合いの組織化と教師の出場

①　何でゆさぶるかが教師の出場の成否を決めます

○歪な三角形の提示が教師の出場です。
　高さを決める頂点が三角形の底辺からはみ出した三角形を提示します。
○「この三角形の面積を，ア，イ，ウ，エ，4つのどれかの考えで求めてみましょう」と問いかけます。
○長方形に変える考えが消えます。
○三角形を2つ組み合わせ，平行四辺形に直して求める考えに一致します。
○どの場で，どのように教師が関わるかが，話し合いの組織化の大きなポイントです。
○原則はありません。
　学習する内容と話し合いの流れによって変わります。教師の鋭い即応力が求められる場面です。

②　次に，三角形を2つ組み合わせてできた平行四辺形を基に面積を求める式をつくらせます

○平行四辺形の求め方は学習済みですから，簡単に「底辺×高さ÷2」を導き出します。

数理を導き出す話し合いの組織化

①　話し合いの最終ゴールは，きっちりした数理を導き出すことです

○「底辺×高さ÷2」が導き出されたところで，「ア，イ，ウ，エの考え

方の式はつくれますか」と式化することへ誘います。
○アの考えは，長方形の半分。
○イの考えは，高さが半分。
○ウの考えは，底辺が半分。
○エの考えは，平行四辺形の半分。
○4つの考えを式で表してみると，「底辺×高さ÷2」となります。

② 数理を導き出した筋道を確かめ合います

○自分のやり方を式化し終えたところで，ネームプレートを見て，自分と同じやり方をしていた人とフリーバズします。
○同じ式が導き出されていることを確認し合います。

③ 数理を全員で確認し合います

○4つのやり方について小黒板を使って発表させます。
○やり方は違っていても，どれも「底辺×高さ÷2」の式になることを確認し合います。
○そして，最後に「底辺×高さ÷2」を三角形の面積を求める公式としてきっちりおさえます。

◆話し合いの組織化の典型例を示しました。
　「話し合いの組織化」には，定式はありません。
　学習する事柄，子どもの考えをつなぐ力によって多様な様相が生じます。その場，その場で組織化していく腕が教師に強く求められます。実践の記録と振り返りの繰り返しを通して力量が高まっていきます。

◎次ページに，算数科を中心にした「話し合いの組織化の流れ図」を示しておきます。参考にしていただければ幸いです。

「話し合いの組織化」の流れ図

(導　入)　問題の提示
　　　　　　（子どもの集中に目配りする）
(展開1)　見通しを立てる
　　　　　　（既習事項を活かしているか気配りする）
(展開2)　確かめや解決の作業
　　　　　　（机間巡視を通して話し合いの作戦を練る）
　　　　　　（代表的な考えを小黒板等に書かせ，前面に提示）
(展開3)　全体討議（話し合い）
　　　　　　（一方的な発表説明を避ける。ペアバズの活用）
　　　　・自分の考えがどの考えと同じかを明確にする
　　　　　　（同じ考えにネームプレートを貼らせる）
　　　　　　（「質問タイム」を入れる）
　　　　・多様な考えのグルーピング化を進める
　　　　　　（グループバズを入れる）
　　　　　　（なかま集めの観点に気づかせる）
　　　　・グルーピングを揺さぶる事例を提示する
　　　　　　（教師の出場と関わり方）
　　　　　　（なかま集めの共通性に気づかせる）
　　　　・多様な考えのグルーピングから数理を導き出す
　　　　　　（フリーバズで共通性について確認し合う）
(終　末)　学習のまとめ
　　　　　　（「内容」と「方法」2つのまとめをさせる）
　　　　　学習のコメント
　　　　　　（学習の進め方についてコメントする）

○算数科を中心にした「話し合いの組織化」の典型例を示しました。

25 ちょっとした「指名の工夫」を

◆子どもから思いや考えを聞き出す時，よく見られる光景は「挙手発言」ですね。
　自分の考えや意見を述べる時は，挙手する。（授業の常識？）
◆教師の決まったような誘いかけで発言させる光景をよく見かけます。
　・「はい，わかった人」と誘いかけて「挙手発言」を求める。
　・そして，挙手が少ない時は，「どうしたの，元気ないね」と誘う。
　・さらに「進んで発表しないと伸びないよ」と励ます。

> **知恵袋**
>
> ちょっとした「指名の仕方」の工夫で授業が変わる
> ―「わかった人」だけの授業にならないように―
> ① 指名の仕方には，いろいろな方法がある。
> ② ねらいによって指名の仕方を使い分ける。

① 「わかった人」と誘いかける言葉を使わないようにします

〇「わかった人」と誘いかける言葉を私たち教師は，自然に気軽に使っています。（自分の授業ビデオを見ると気づきます。）
〇授業は，「わかった人」だけで進めるものではありませんね。
　みんなが参加し，討議し，練り上げて新しい知識や技能，考え方や見方を身につけていくものですね。
〇「わかった人」と誘いかけることで，「わからない子」「考えがはっきりしていない子」の発言をシャットアウトしてしまいます。
〇気軽に何気なく使っている「わかった人」という言葉は，今日限りで使わないようにしましょう。

② 「指名の仕方」には，いろいろな方法があります

○一番多い「挙手指名」
○子ども同士で行う「相互指名」
○教師がズバリ指名する「教師指名」
○教師が誘いかけて聞き出す「列指名」
○挙手なしで自由に話す「指名なし」
○グループ代表が発表する「代表指名」
　このように子どもの考えや意見を引き出す「指名の方法」は多様です。

③　ねらいに応じて「指名方法」を変えます

○子どもから多様な意見や考えをランダムに引き出したい時は，子ども同士の「相互指名」を使う。
○子どもの流れに任せていろいろな意見を出させる場面では，「指名なし」で自由に語らせる。
○簡単な判断で意思表示をさせたい時，「あなたは……」と誘いかけ「列指名」の方法をとる。
○「あの子の考えを取り上げ，練り上げるぞ」という重要場面では，「教師指名」を行う。
○グループ討議の結果を聞く場面では，当然「代表指名」で進める。
○授業の展開場面とねらいによって，「指名の仕方」を変えます。

○こうすると，子どもたちは場面に即応して活発に自分の考えや意見を発表するようになります。
○「わかった人」という言葉は絶対に避けましょうね。

26 誤答の活かし方

> 授業の中で，間違った答えも大切にしようと心がけているのですが，子どもの誤答を活かしていく方法ってありますか？

◆子どもたちは，常に正しい答えを導き出してくるとは限りません。むしろ，間違った考え方や答えを出す子が多いです。
　新しい事柄の問題に初めて取り組むのですから，間違いが起こるのは当然のことです。
　「教室は，間違うところ」という標語を掲示している教室もあるほどです。

◆ところが，授業場面になると，なかなか誤答を活かし切れません。
　誤答に対して，「違っています」とズバリ言い切る子どもがいる授業を目にすることがあります。
　また，子どもたちから間違った答えが返ってくると，「ほかの考えの子はいませんか」と，誤答の子を無視して授業を進めていく場面も見かけます。

◆間違った考え，誤答も大切にしていきたいと願っているのですが，誤答をどのように扱ったらいいのか。誤答の活かし方が見えていないために，つい誤答に触れずに授業を進めようとします。

◆ところが，「誤答の中にこそ，授業を深める宝物が隠れています」。
　（ここまで言い切るのには，私自身，ずいぶんと長い年月がかかりました。）
　誤答の中にも論理があります。
　誤答の論理をうまく活用すると授業に深みと活気が生まれてきます。

> **誤答の活かし方**
> ① 誤答を暗黙否定しないこと。
> ② 誤答の論理を使って，他の問題を解かせてみること。
> ③ 誤答の論理の矛盾に気づかせること。

① 誤答を暗黙否定しないこと

○間違った考え，意見が出た時の扱い方です。
　他の子どもたちが「違っています」と合唱しているかのように，一斉に大きな声で言わせる，「学習のしつけ」を避けることです。
○「そんな古いしつけをしていません」と言われると思います。
　しかし，誤答が出た場面でこれとよく似た言動が多く見られます。
　「今の考え（答え）でいいですか」と子どもたちに問い返します。
　暗黙に「今の考え（答え）は，間違っている」と誘いかけています。
　子どもたちは，教師の誘いかけの裏をきっちり読み取っています。
○ストレートに，「間違っています」とは言っていませんが，誤答であることを暗黙に明示しています。
○「他の考えの人いませんか」と切り返す場合もあります。
　これも，「今の答えは誤答です」と暗黙に示しています。
○また，このような切り返し方もします。
　「今の考え（答え）についてどう思いますか」
　他の子どもたちに考えることを要求しているように聞こえますが，これにも教師の暗黙否定が含まれています。
　子どもたちは，暗黙否定を察知して「今の考え（答え）はおかしいと思います」と反応してきます。

○このように誤答をめぐって，教師の暗黙否定と子どもたちの察知とによって，誤答が自然に葬られていってしまいます。
○私たち教師は，暗黙否定などしていない，一人ひとりの考えを大切にして授業を展開している。
　このように思い込んでいます。
　（子どもの考えを大切にしない教師などいませんからね。）
○しかし，私たちの思い込みは，必ずしもすべての子どもの考えを大切にした言動になっていません。（一度，自分の授業をビデオ撮りし，じっくりと視聴されることをお勧めします。多くのことが見えてきます。教師の暗黙否定の言動も見られるかも……。）

② 誤答の論理で問題を解かせます

○「誤答を活かす方法」が突然にひらめいた授業場面です。
　4年生の仮分数の指導を行っていた時です。
　少し長いお話になりますが紹介しましょう。
　（「誤答の活かし方」を悟った貴重な授業ですから。）
○1/3ℓのカードを4枚つなげて，
「何ℓと言えばいいですか」とたずねました。
3つの答えが返ってきました。
　㋐　1と1/3ℓ
　㋑　1と1/4ℓ
　㋒　4/3ℓ
○㋑は，明らかに誤答です。
　子どもたちからも「㋑は，おかしい」との声がすぐに起こりました。
このまま，子どもの声に流されたら，㋑の答えを出した子は潰されてしまいます。

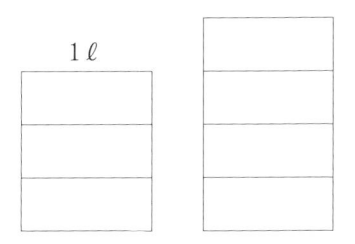

さて，この後，どのように授業を進めればいいのでしょうね。どうしたら，(イ)の誤答も活かせるのでしょうね。
○1/3のカードをもう1枚増やして，私は「(イ)の考えで答えを出しなさい」と指示しました。
　子どもたちは，「え！　そんな……」と言いながら(イ)の考えを探り始めました。
○(イ)の考えを出した子が笑顔を浮かべて答えを見せに来ます。
　「他の人，まだですか……」と煽ります。
○「答えは1と2/5になります」と子どもたちも答えを導き出しました。
○(イ)の考えでも答えが出てくるので，「(イ)の考えも正しいのかな」という不思議な顔をしています。

③　誤答の論理と矛盾への気づき

○(イ)の考えはどのようにして出てきたのか探っておきましょう。
　1/3ℓのカードを4枚積み上げます。
　1ℓを超えていることは，前ページの図からはっきり分かります。
　問題は，1ℓを超えた端数の処理です。
　1/3のカードを4枚積み上げると端数部分は，4つに区切った1つ分に見えます。
　それで，1と1/4という(イ)の考えが導き出されます。
　分割分数的な見方をしがちな子どもから多く出される答えです。
○誤答の論理で問題を解かせるために，さらに追い討ちをかけます。
　「では，もう1枚1/3のカードを増やします」

「どれだけになりますか？」
○「1と3／6」となります。
　ここまで詰めていくと，答えを出しながらも(イ)の考えのおかしさに気づきます。
○「1／3増やしているのに，分母が5になったり，6になったりするのはおかしい」
　「1ℓを3つに分けているのに，1枚増えるごとに分母が変わるのは変だ」
　このような意見が交わされ，(イ)の考えの矛盾を皆で理解し合いました。(イ)の考えを出した子も皆と学び合えて満足気でした。

④　誤答の活かし方をつかみます

○さて，この誤答をめぐる授業場面の中に，どのような原理が隠れているのでしょうか。
　授業場面の裏に隠れている原理を見抜いていかないと，「本物の授業力」は高まりません。
　授業場面の裏に隠れている授業原理を見つけ出していく修業こそが，本物の教師修業です。
○この授業場面で隠れている原理は，
　「誤答の論理で問題を解かせる」です。
　そして，「誤答の矛盾に気づかせること」です。
　これが誤答の活かし方です。
　このように誤答を活かしていくと授業に活気が生まれます。
　また，間違った答えの中にも，それを導き出す論理があることをつかみ授業に深みが生まれます。
　さらに，間違った子の考えが学習を深めることに役立っていることを子どもたち自身で感じ取っていきます。

皆で学び合うことのよさを自然に感得していきます。

○私は，この事例から初めて「誤答の活かし方」をつかみました。
　「誤答の論理で問題を解かせる」⇒「誤答の矛盾に気づかせる」
　この原理を把握して以来，誤答に出会ってもたじろぐことがなくなりました。
　「誤答が出てきたな」
　「では，あの秘策で」と……。
　誤答に対しても悠然と対処できるようになりました。

○繰り返しになりますが，授業場面の裏に隠れている目に見えない原理を探っていくことが，「授業力量アップの鍵」になります。
○失敗の中にも隠れた原理があります。
　うまく流れない授業の中にも「負の原理」が隠れています。
　「負の原理」を把握すれば，それ以後は，「負の原理」にはまらないように配慮し，同じ失敗を繰り返すことなく授業を展開することができようになります。

◎成功，失敗の実践の中から「隠れた原理」を探り，本物の力量を高めていきましょう。

27 学習のまとめ方の工夫

> 活用力・応用力を高める授業が求められていますが，学習のまとめ方をどのように工夫すればいいのでしょうか？

◆「学習のまとめ」と言うと，今日学習した知識や技能に関してきちんと整理することと受け止めがちです。

◆しかし，次の学習に生きる学習のまとめ方をしないと，最近求められる活用力・応用力をつける学習のまとめとはなりません。

◎学習のまとめの中に完全に欠落している事柄があります。新しい提言も含めて，学習のまとめ方についてお話しましょう。

知恵袋　次の学習に生きる「学習のまとめ方」

① 学習内容に関するまとめをする。
② 方法や考え方のまとめをする。
③ 学びの喜びをまとめる。
④ 教師の感動的な授業コメントを加える。

学習のまとめ方(1)　学習内容のまとめ

① 学習内容に関するまとめ

○授業展開の最後のまとめは，学習した内容に関する事柄を丁寧に板書し，赤色のチョークで囲みます。

たとえば，「三角形の面積は，底辺×高さ÷2で求められる」といったまとめ方です。

②　学習のまとめは，内容のまとめだけでは片手落ちです

○教師は，授業展開の大半の時間を内容の習得だけにかけていません。逆に，「どうしたら求められるか」「どのような方法があるのか」「どのような考え方をすれば解決できるのか」など，解決の方法を学び取らせることに時間をかけています。
　ですから，学習のまとめにおいても「方法のまとめ」は欠かせません。

学習のまとめ方(2)　方法や考え方のまとめ

①　方法や考え方のまとめ

○三角形の求積の学習においては，「求めにくい形は，求めやすい形に直して考えると求められる」という方法・考え方を板書しまとめます。
○「方法・考え方のまとめ」が，次の新しい学習において威力を発揮します。新しい問題解決場面で解決の方法や考え方を探る時の素地となって働きます。
○最近新しい学力の1つとして，「活用力の育成」が重視されてきています。
　「活用力」をつけるためにも，「方法・考え方のまとめ」をきちんと行うことが大切です。
○「方法・考え方のまとめ」の蓄積が「生きて働く知恵」となり，新しい問題の解決場面で威力を発揮します。
○「方法・考え方」とは，脳の働かせ方，脳の動かし方を整理することでもあります。

②　学習を通して，最後に残るものは「脳の働かせ方」です

○知識・技能は，再度学習すれば習得できます。

ところが,「脳の働かせ方」は,学習のそれぞれの場面で培われていくものです。もう一度調べ直して会得できるものではありません。問題解決の場面ごとに徐々に会得されていくものです。
○創造的な脳の回転ができる力を培う上でも「方法・考え方のまとめ」を疎かにしてはいけません。

学習のまとめ方(3) 「学びの喜び」の振り返り

① 「学習の振り返り」の見直しが必要

○「学習の振り返り」を書かせることが大切にされています。
　学習を振り返り,「よく分かったこと」「発表し表現できたこと」「楽しかったこと」などを書かせます。
○「学習の振り返り」を書かせることはいいことです。
　しかし,1つ抜け落ちていることがあります。

② 「学びの喜び」をまとめます

○「学んだ喜び」「学びの感動」が書かれていません。
　ゲームなどで楽しかったことも「学びの喜び」でしょうが,もっと今日の学習を通して,知り得たことの喜び,問題を解決できたことの喜びをクローズアップした,「学習の振り返り」をさせる必要があるのではないでしょうか。
○学ぶことは,喜びです。
　問題を解決できたことは,感動です。
○学習場面にしか味わえない喜びや感動が,「学びのエネルギー」となります。
　子どもの学ぶ構えが変わってきます。
○「学習の振り返り」の中に,「学びの喜びと感動」を加えられること

を是非お勧めします。

学習のまとめ方(4)　感動のコメント

①　「授業のコメント」が欠落しています

○子どもたちと懸命に進めてきた授業の終わりに,「授業のコメント」を加える光景を見られないのが残念です。
○各学校で行われる「公開研究会」では,広い体育館に参加者を集め,必ず「公開研究会の講評」が語られます。
　どの講評も決まったように,「3のリズム」で語られます。
　まず,公開研究会に取り組んだ当学校の研究姿勢と熱意をほめ上げます。
　次に,研究内容に関して成果ともう少し改善されるべき点について指摘します。
　最後に,今回の公開研究会の熱意を参加者全員で持ち帰り,各学校の教育充実に活かしてほしいと激励の言葉で締めくくります。
　みごとな「3のリズムの講評」で公開研究会が閉じられます。
○ところが,日々の授業で「講評」がありません。チャイムが鳴ると「今日のお勉強はここまで……」とさらりと切り上げます。

②　「日々の授業に講評を入れる」──これが私の提言です

○「今日は,先生,うれしくて感激です。皆素敵なアイディアを一杯出してくれた。先生,とってもうれしい。最高の気分です」とストレートにコメントを加えて授業を閉じます。
○また,あまり深まらなかった授業では,「先生,今日は寂しかった。もっと皆,大造じいさんの気持ちを深く読み取ってくれると期待していたのに,もう少しのところだったね。寂しかったな。次は,もっと

掘り下げてみようね」と訴えるコメントをします。
○教師の授業コメントによって，子どもたちの学びへの構えが変わってきます。
　授業への真摯な取り組みが生まれてきます。
○何よりも教師自身の授業への構えが変わります。
　日々の授業改善の意欲がわいてきます。
　「授業コメント」は，「授業改善の提言書」より遥かに授業改善への熱い想いをかき立てます。

③　授業コメントを入れ，授業で青春しましょう！

○「授業で青春できる」のは，教師の特権です。
　教師にしか持てない最高の喜びです。
○皆で「授業で青春しましょう！」

●授業のテンポ●

　私が，初めて2年生を担任した時，子どもたちの作業の進め方が遅いのに驚きました。
　「こんなに遅い作業の進め方では，効率が悪い」と考え，ある試みをしてみました。
　音楽室にあったメトロノームを教室に持ち込み，作業を始めるとメトロノームを動かしました。
　遅く動かすと「先生，遅すぎて調子が出ないよ」と騒ぎます。反対に速くすると「うるさくて，落ち着かないよ」と調子に乗ってきません。
　このようにして，子どもたちが「ちょうどいいよ。落ち着いてできるよ」という速さを探っていきました。
　「ちょうどいい」という速さを見つけました。
　さて，どんなテンポの速さでしょうか。
　トントンという脈拍の速さが「調子がいい」という最適な速さでした。
　子どもたちが「調子がいい」というテンポは，意外に速いテンポです。
　私たちが進めている授業のテンポ，少し遅いようです。
　私たちは，「ゆっくり進めることは，丁寧な指導をしていること」と思い込みがちです。
　「快い授業のテンポ」というものがあります。
　快い爽やかな授業のテンポを探ってみましょう！

第3章

授業を評価する知恵

——授業の評価, どうやってするの？——

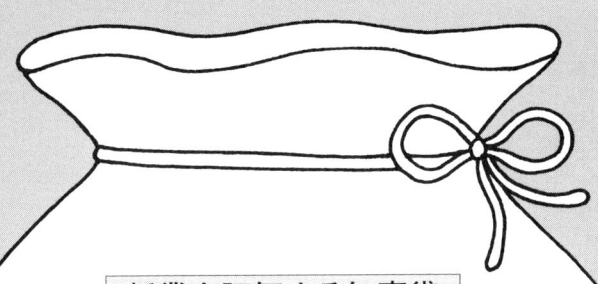

| 授業を評価する知恵袋 |

——あなたは, 授業の評価を
どのようにしていますか？——

授業の評価, 面倒ですね。
反省ばかりしていると暗い気持ちになりますね。
明日の授業に役立つ授業評価をしたいですね。

授業を明るく評価する知恵について,
語ってみましょう。

28 授業への注文カード

> 毎時間,「学習の振り返り」を書かせているのですが,なかなか「授業の改善」につなげることができません。「学習の振り返り」のいい方法はありませんか?

◆「学習の振り返り」が流行していますね。
「学習のまとめ」だけでなく,「学び方の振り返り」をさせることは,大切なことです。

◆「学習の振り返り」を授業改善につなげていくためには,「振り返りのさせ方」に工夫が必要です。

◎私が取り組んだ方法についてお話しましょう。

授業改善につながる学習の振り返り
① 「学習のまとめ」の3要素を押さえる。
② 「学習の振り返り」に「学びの喜び」を入れる。
③ 授業改善につながる「授業の注文カード」。

「学習のまとめ」の3要素

① 「学習のまとめ」には,次の3点を押さえることが必要です

○学習内容のまとめ(学習を通して,習得できた内容)
○学習方法のまとめ(学習の中心になった見方・考え方)
○学習の喜びのまとめ(学習したことを通して,感じた喜び)

② 「学習のまとめ」に「学びの喜び」が抜けています

○「学習のまとめ」は，学習を通して習得できた「内容のまとめ」だけで終わっている場合が，意外に多く見受けられます。
○授業展開，問題解決の過程で駆使した考え方や見方，解決の方法についてもきっちりまとめておく必要があります。「見方・考え方のまとめ」が今後の学習力として蓄積されていきます。
○また，「学習の喜び」に関してもまとめさせるようにしましょう。
　新しいことを学び，知り得たことは，学ぶ者だけが感得できる「喜び」です。
　新しい問題を解決できたことも「学びの喜び」です。
　「学びの喜び」の累積が学習意欲のエネルギーとなります。
　「学びの喜び」を忘れずに「学習のまとめ」の中に取り入れましょう。

③ 「学習の振り返り」を授業改善につなげましょう

○「学習の振り返り」は，学び合いのよさ，友達の考えのよさなどに関する感想が中心に書かれます。
○また，学習したことの楽しさ，問題解決に一生懸命取り組んだ感想も書かれます。
　「学習の振り返り」の多くは，学習の感想的な事柄がほとんどです。
○「学習の振り返り」は，子ども自身の学習への取り組み方を改善していく上で威力を発揮しています。
　学び方の振り返りの累積で，子どもの学ぶ構えを変容させていくことができます。
○しかし，「学習の振り返り」の記述からは，「授業改善」の示唆を汲み取ることができますが，改善の方策までつかみ出すことは困難です。

授業の注文カード

① 子ども側からの授業改善

○子どもたちは，どのような気持ちで授業を受けているのか。
　また，授業にどのような注文を持っているのか。
○子どもたちの思いや注文に応える授業の改善が必要です。
　「学習の振り返り」に工夫を加え，授業改善への直接的な方策の示唆が得られるようにする必要があります。

② 「授業への注文カード」の発案

○子ども側からの意見を活かして授業改善を図りたいという強い願いから，「授業への注文カード」を新しく考案しました。
○「学習の振り返り」とは違って，授業の改善に直接的な示唆が得られるようにしました。
○大阪大学の水越敏行教授と共同研究を進めている中で，「授業の注文カード」を完成させました。
　水越教授から「現場的な発想から生まれた有効な方策である」と絶賛されました。

③ 「授業の注文カード」の活用方法

○「授業の注文カード」は，毎時間書かせなくてもいいのです。授業準備も丁寧にできた，「この授業は！」とねらいを定めた授業を実施した時に行います。（毎時間行っていても効果はありません。）
○「授業の注文カード」の否定的な指摘を丁寧に分析します。
　・どのような場面の指摘か。
　・どのような内容の指摘か。

第 3 章　授業を評価する知恵

　　・どの層の子どもたちの指摘か。
○次に，「否定的な指摘」を解消するために授業にどのような工夫が必要か考えます。
　　・この授業だけの指摘か。
　　・日々の授業にも波及している指摘か。
　　・指導の仕方で注意すべきことはどのようなことか。
○「肯定的な指摘」も読み返します。
　　・どの点を「いい」と指摘しているか。
　　・どの層の子どもたちが肯定的な指摘をしているか。
　　・日々の授業のどんな工夫が肯定的な指摘となっているか。

④　「授業の注文カード」の利点

○「授業改善」の必要な点を手軽に把握することができます。
○子どもたちのストレートな思いをつかむことができます。
　　・「先生の説明が速すぎて，意味がつかめません。もっとゆっくり丁寧に説明してほしい」
　　・「黒板に一杯書いて話をしてくれるのはいいが，ノートにまとめようとすると，どこが大事なのか分からなくなります。大事なことが見て分かるように書いてほしい」
　　・「授業の進め方を少しゆっくりしてほしい。ちょっと友達と相談しているとすぐ次の作業が始まり，落ち着かない」
　　なになど……。
○子どもたちの注文を一つひとつ吟味し対応策を練り上げていると，いつしか「子どもに合った授業展開」ができるようになります。
○さらに，「授業への注文」を階層別に捉え直してみると，どの子どもたちがどのような授業を望んでいるかが把握できます。
　階層別に把握することによって，よりきめ細かな授業をつくり出せる

ようになってきます。
○本書の中で何回かお話しましたが、「子どもに合った授業」をつくることがもっとも大切なことです。
○形だけの問題解決授業や見た目では子どもの発言が多い見栄えのいい授業をつくることが目的ではありません。子どもたちが楽しく本気で学ぶ「子どもに合った授業」をつくることこそが、私たち教師の最大の目標です。
○教育界にも流行があります。時の流れにうまく乗っていくことも大事でしょうが、見逃してはいけない鉄則は、目の前の子どもたちに合った授業を創造することです。

第3章　授業を評価する知恵

授業の注文カード

観　点		カードの記述内容（一部）	
		肯　　定	否　　定
たのしさ	たのしい授業の進め方でしたか。	・チョコレートがあっておもしろかった。 ・とてもたのしかった。 ・たのしかったし，みんなもたのしそうだった。	・いままでとかわらない。 ・特別にたのしくなかった。
集中	よく考えさせてくれる授業でしたか。	・自分の考えをさがさせてくれた。 ・考えさせてくれた。 ・図を使うところで，よく考えた。	・書く時間がほしかった。 ・考えるひまがなかった。 ・はやすぎてプリントができない。
やる気	進んでやろうと思わせる授業でしたか。	・調子がよかった。 ・AとB，CとD，AとDとさいごまでがんばってくらべた。	・考えることがわからなかった。 ・同じことばかりでいやになった。 ・いつもと同じくらいだ。
発表	発表することにとまどいを感じさせない授業でしたか。	・あとの方でよく発表した。 ・発表したいことがたくさんあった。	・発表しようとしたがあててくれない。 ・あててくれないのでくやしかった。 ・1回あたっただけ，ざんねん。
理解	わかりやすい授業でしたか。	・図があってよくわかった。 ・はじめわからなかったが，あとでわかった。 ・A－Dの順位がはっきりした。	・進み方がおそいのでつまらない。 ・みんなの説明がわからなかった。
ていねいさ	ていねいに進めてくれる授業でしたか。	・わからないところをくりかえしてくれた。 ・図，おり紙を使っておしえてくれた。	・今までよりていねいでなかった。 ・かってにやれという勉強だった。

29 学びの自己評価

> 「学習の振り返り」などを書かせ,「学びの自己評価」をさせているのですが,「学び方の姿勢」に変化が見られません。「学びの自己評価」で, いい方法はありませんか?

◆日々の授業を通して, 子どもたちの「学びの姿」が成長していくことが教師の大きな喜びですね。
　ところが,「学びの姿」の変容は, なかなか見られないものです。
◆せいぜいが, この頃発言する子が増えてきた。学習作業が手際よくできるようになってきた。
　このような変化しか捉えられず, 物足りなさを感ずるものですね。
◆学びの態度を捉える評価尺度を作成し, 子どもたちの「学びの姿」の変容を捉える定量的な方法もあります。
　「粘り強く考えるようになってきましたか」「前時の学習とつなげて考えるようになってきましたか」などの項目を挙げ, 5段階の尺度を設けて「学びの姿」の変容を捉える方法は, どなたも実施されているでしょうから, この項では, 触れないことにします。
◎評価尺度による定量的な方法ではなく, もっと「学びの姿」の変化の手応えが感じ取れる方法について語ってみましょう。

知恵袋

「学びの姿」の変容を捉える方法
・「学習の記録」(学習日記) を書き続ける。
　(「学びの姿」の変化を手軽につかむことができる。)

① 「学習の記録」（学習日記）の継続

○通常は授業の終わりに「学習の振り返り」を書かせます。宿題の他に，自ら進んで学習にチャレンジする「自学」等もよく実践されています。また，「学習の振り返り」や「自学ノート」からも「学びの姿」を把握することができます。

○「学習の記録」（学習日記）の継続は，これらの方法よりも，「学びの姿」の変化の手応えを感じ取ることができます。

② 「学習の記録」（学習日記）の内容

○「学習の記録」（学習日記）は，日々の学習の記録として書かせます。今日学習したこと，学習の感想，授業展開で強く印象に残ったことなどについて日々書き綴ります。

　特に，どのように考えを進めたか。友達との考えのやり取りを通して，どのように考えを進めることがポイントだったかについて，振り返りながらまとめます。

○学習の記録（日記）は，単なる感想の記述ではありません。考えの進め方の振り返りの記録です。考えの振り返りを通して，問題解決の場面での頭の動かし方を意識させることに威力を発揮します。

○問題解決場面での思考の仕方を意識化することで，子どもたちの「学びの姿」が変化していきます。

○学びの姿の変化は，学習への取り組みが積極的になってきたとか，よく発言するようになったとかの表面的な変容だけではありません。

○本物の学びの姿の変化は，頭の使い方を意識的に捉えることです。
　問題解決のためにどこに着目し，何と何とをつなげて考えを進めてきたか。そして，どのように結論を導き出してきたか。
　その時，頭をどのように使ったかを意識させ，記録として書き綴らせ

「学習日記」の例

のまちがえは、計算まちがえだったようです。こんなもんだいが、これから、まちがえず、できるか心配しました。○○○○先生がこういう問題を、早くやる方法を、教えてくれました。先生がいうことには、左のものを、右に動かしてしまうという、方法です。わたしは、なるほどなあと、思いました。でも、わたしには、なんとなく、なれないやり方だなあと、思いました。このかんがえでいくと、わたしのかさのしっぱいのようにへんかに、することかな

と、思いましたが、どうやら大じょうぶのようです。それのこ○方そでいくも右の図のようなものも、かんたんにとけるから、けっこう便利かも！と、思いました。でもなれるまで、けっこう時間がかかるようです。かさて、これで分かったでしょう。きのうの [?] ので、
① 分ける
② つけかえる
③ 組み合わせる
④ 動かす
つもりどうさせていこと、や分かったね!!山本先生、明日は、どんなもんだいを出すかな。
またつづくよ!!

③ 「学習の記録」（学習日記）の効果

○「学習の記録」（学習日記）を書かせることを習慣化させると，学習への構えが違ってきます。
○友達の考えと自分の考えとを比べる姿勢が生まれてきます。
　友達の考えをいくつかに整理し，自分の考えと比べ，どこに違いがあったのか。また，どの考えが簡潔に解決に結びつく考えなのかなどについて書き綴ります。
○毎日の書き綴りを通して，「学び方」を身につけると共に「学びの姿」が変わっていきます。
○ただ単に学習の結果を覚えたり，多くの練習問題に取り組む学習から，問題解決の筋道を身につけようとする学び方へと変容します。
　また，「学習の記録」を綴る積み上げによって，問題解決に取り組む時の頭の動かし方を会得していきます。
○頭の動かし方の会得により，活用力も驚くほど伸びてきます。
○ノートにメモを書き込むようになります。「学習の記録」を書く手がかりにする事柄を記録しておくためです。

④ 「学習の記録」（学習日記）の質を高める方策

○「学習の記録」の書き方や内容の素晴らしいものをコピーし，教室に掲示します。
　コピー掲示の横にコメントを書く付箋紙を準備しておきます。
　他の児童は優れた「学習の記録」に対して，短いコメントを書き，掲示した「学習の記録」に貼り付けます。
○ポイントは，付箋紙に短いコメントを書き貼り付けるところにあります。提示された「学習の記録」を書いた本人も大きな改善のヒントが

得られます。また，コメントを書いた子は何を学んだかを意識します。さらに，コメントを読んだ周りの子も，どのような「学習の記録」の書き方がいいのかを見取ることができます。

　（付箋紙にコメントを書かせる。ちょっとした工夫が子どもの学びの構えを変えます。こんなちょっとした工夫が指導のコツです。）
○このような仕組みを工夫しておくと，優れた「学習の記録」の書き方がいつしか子どもたちの中に浸透していきます。
　そして，「学習の記録」の記述レベルが高まっていきます。
○このような地道な積み上げを3ヵ月ほど継続すると，授業中の子どもの思考レベルが高まりを見せ始めます。意見交換の質が高まります。
○「学習の記録」が思考のレベルを高める手立てになることが，最高の威力です。

　どうぞ，挑戦してみてください。

　3ヵ月間継続すれば，必ず思考のレベルが高まり，深まりのある授業展開を生み出すことができるようになります。

　すべては，あなたのチャレンジ精神にかかっています。

　皆さんの果敢な挑戦と成果を期待しています。

30 テスト問題づくりの力

> 授業評価のために、テスト問題を作成する必要があります。テスト問題をつくる力は、どのようにしたら身につけられるのですか？

◆授業評価には、学習内容をどこまで習得させることができたかを見定めることが必要ですね。

◆ところが、いざ自力で「テスト問題」をつくろうとすると簡単にはできません。ほとんどの場合、市販テストの問題や問題集などを参考にして作成しているのが実態です。

◆「テスト問題がつくれたら、超一人前！」と言われるくらいです。教科、学習内容、指導のねらい等によって、テスト問題の作成法も大きく異なります。

◎ここでは、私自身の問題づくりの変遷をたどりながら、問題作成の方法を探ってみましょう。

問題づくりの力量を高める方法

① 形式処理問題づくりから　　　　　　　　　　　　　原理理解問題づくりへ。
② 2段構えの教科書分析を行う。
③ 授業プロセスと一致した問題づくりをする。

① 新任の頃の問題づくり

○茶褐色化したノートに貴重な資料が貼り付けてあるのを見つけました。新任2年目につくった算数のテスト問題です。記憶にありませんが、

おそらく教科書の「まとめ問題」を参考にしてつくったのだろうと思います。(恥ずかしいけど例示します。)

(ア) 三角形の面積を求める公式を書きなさい。

(イ) 次の三角形の面積を求めなさい。

5cm
8cm

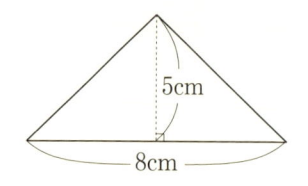

○何と素直なストレートな問題ですね。
　初々しさが感じられ,「若かったな！」と感慨に浸ります。

②　6年目のテスト問題

○これも恥ずかしさで赤面しますが, 例示します。
　(パソコン画面を見て, 妻がにたにた笑っています！)

(ア) 次の三角形の面積を求めるには, どの長さが分かれば求められますか。必要なところに線を入れなさい。

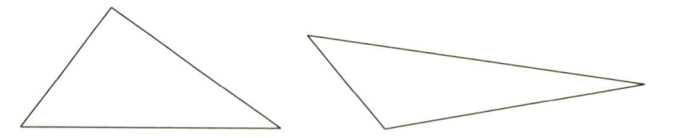

(イ) 次の三角形の面積を求めなさい。

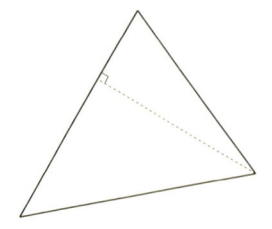

○少しは，進歩している様子が見られますね。

面積を求めるのに必要な長さを指摘させる問題をつくっています。

三角形の面積を求める時，子どもたちがつまずくのは，底辺と高さとの関係です。

子どもたちが一番のつまずきを乗り切っているかどうかを把握する問題を作成していますね。（進歩ですね。）

○教材のポイントが何か，子どものつまずきがどこに起こるのか，少しは学習内容の習得に関して分かるようになってきたようです。

③　15年経って

○この頃研究主任をしていました。

毎年公開研究会を開催していましたが，校内体制が揺れ動き，私1人が「公開研究会」の授業を行うことになりました。参観者200名を1人で抱え，公開授業を乗り切りました。

（「公開研究会」の授業を1人で抱えるのは，ものすごいプレッシャーです。今思い出しても，「よく，私1人で公開します」と言い切ったものだと驚きます。怖いもの知らずとは，若さの特権ですね。時には，大胆な行動に出ないと実力はつかないものです。）

○その頃に作成したミニテスト問題の一部を例示します。（次ページ）

○問題づくりにかなりの進歩が見られます。（自画自賛？）

三角形の面積が求められるがどうかをたずねる問題ではなく，求積の原理を理解したかどうかにねらいを置いて問題をつくっています。

三角形の面積は，「底辺×高さ÷2」で求められます。

「なぜ，2でわるのか」その意味をどこまでつかめたかを確かめる問題づくりへと進展しています。

つまり，分かること（原理理解）を中核に据えた問題を作成するようになってきています。

(ア) 三角形の面積を求めるために,あと1つどの長さが分かれば面積が求められますか。

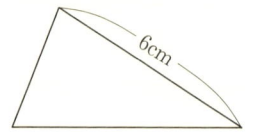

(イ) 形を変えた図をもとにして,三角形の面積を求めなさい。求め方の説明も書きなさい。

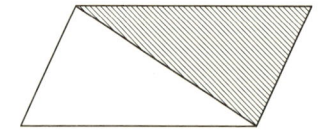

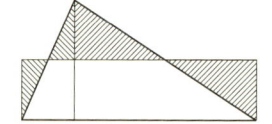

④ 形式処理問題から原理理解問題へ

○私自身の問題づくりの変遷をたどってみますと,「できること」(形式処理)の問題づくりから,「分かること」(原理理解)の問題づくりへと変化していっていることが浮き彫りになります。
○この変化は,授業をどのように捉えていたか。また,教材をどのように捉えていたか。指導の姿勢と深く関わっています。
　新卒の頃は,公式を覚え,公式を適用して問題が解ければ,それで力がついたと考えていたようです。
　ところが,15年も経過すると,形式的な処理よりも教材を支える原理の意味理解が大切だと考えるようになってきています。

⑤ 問題作成の方法

○分数の計算ができること（形式処理）と，計算の仕方の意味がわかること（原理理解）とは，決して同じではありません。
ですから，形式処理に関する問題と原理理解に関する問題とを意識的に分けて作成する必要があります。
形式処理に関する問題は，すぐつくれます。
ところが，原理理解に関する問題は，なかなかつくれません。
せいぜい努力しても「～について説明しなさい」という記述型の問題しかつくれないものです。
○そこで，二段構えで問題作成を行う方法を示します。
二段構えの問題作成の方法は，教科書の比較分析を通して探り出した方法です。
○まず，教科書の問題分析を行います。
教科書やドリルなどに出ている例題，練習問題をカードに書き出します。そして，単純適応の問題から複合適応の問題へとカードを分類整理します。
これだけの作業をすれば，「できること」（形式処理）の問題をグレード分けして作成することができます。
○さて，次は難関の原理理解に関する問題作成です。
教科書に記述されている原理の説明記述を，丁寧にカードに書き出します。
特に，原理を説明している図，キャラクターの吹き出し型の誘いのヒントに注目してメモをします。
説明記述や説明用の図示などを逆転させ，問いの形に直してみます。
逆転させ問いをつくると，原理理解に関する問題の原型ができ上がります。

その原型に，授業展開をどのように行ってきたか振り返り加味すると「分かること」（原理理解）に関する問題が完成できます。
○教科書の「問題分析」と「記述分析」の方法は，授業のねらいと授業の組み立て方を模索する中で見つけ出した手法です。
　授業の組み立てだけでなく，問題作成の方法としても威力があります。
○ただ，算数・数学という教科に最適という限定があります。
　他教科の場合については，皆さんの英知で新しい方法を探り出されることを期待いたします。
　丁寧な実践を積み上げれば，必ず決め手となる方法が探り出せます。
　若者らしい果敢なチャレンジを期待します……。

31 3者の授業評価

> 授業の評価は，授業者，子ども，参観者の3者で行うべきだと言われていますが，一番大切な評価は何ですか？

◆「授業の評価」という言葉を聞くだけで，重い気持ちになりますね。でも，授業のやりっ放しだけでは，授業の力量は高まりません。辛いものがありますが，授業評価は避けて通れません。

◆子ども・授業者・参観者，3者からの授業評価をきっちり行うことが理想でしょうが，日々の実践では3者からの評価を得ることは無理です。

◆では，授業評価で一番大切にすればいいものは，何でしょう。私は，「授業者の手応え」が一番大事であると考えます。

◎「授業者の手応え」について実践経験を踏まえてお話しましょう。

知恵袋

授業評価の急所

「授業者の手応え」が授業評価の要です。

① 貴重な実践経験

○私が30代の時，当時大阪大学教授をされていた，水越敏行先生が編者をされた『授業評価（算数・数学編）』の執筆者の1人として，関わらせていただく機会に恵まれました。

全国から5つの学校，5人の凄腕の実践者と共に執筆に取り組みました。

○毎月1回，大阪大学に集まり，実践・編集・執筆の打ち合わせ会が持

たれました。能登半島の片隅に住む私は，早朝4時から行動開始し，夜中の12時に帰宅するというすごい生活を1年間送りました。
○大阪大学に集結するメンバーは附属小中学校の先生方，中央で活躍されている全国に名の通った先生方ばかり。初めの頃は，意見が言えない程の重圧感と孤独感に押しつぶされそうでした。
○でも，会を重ねるごとに「実践では負けない」というファイトがわき，しっかり原稿を書き上げることができました。
○今になって振り返ると，あの時の経験は貴重な宝物であり，私の教師修業に大きなプラスになったと痛感しています。
○人間，鍛えられる場がないと伸びないものですね。

② 評価を中心に据えた実践

○5年生の「分数」の実践で3者評価にチャレンジした時のお話です。
異分母分数の処理，加減計算，応用問題への適用まで単元全体のフル実践を公開研究しました。
指導案作成や授業記録は当然のこと，授業評価も3者評価を基本に進めました。（ただし，参観者評価は，抽出時間3時間となりました。）
○参観者からの分析資料として「参観者フリーカード」を分節ごとに整理しました。（児童に関すること，教師に関することを肯定的なカードと否定的なカードとに分類整理。）
また，児童の学習活動に関する「評定表」と，教師の教授活動に関する「評定表」も準備し，記入してもらいました。
○子どもからの授業評価資料として，「事前テスト」「事後テスト」それに「総括テスト」を実施し，学習内容の習得状況を把握しました。
「学習の振り返りフリーカード」を自由に書かせ，子どもたちの授業感想も把握しました。
さらに，「授業感想の評定尺度表」を作成し，「授業の楽しさ」や「授

業の満足度」なども定量化して把握しました。
○授業者の反省もきっちり行いました。授業整理会での反省等も丁寧に記録してもらい，反省の資料としました。

また，授業ビデオを再生しながら，授業の流し方について感じたこともメモしました。

最後に，分節ごとに参観者，児童，授業者から見た「授業の総括表」を作成し，授業評価のまとめとしました。
○3者の立場からこれ以上丁寧にできないと言える程，緻密な授業評価を試みました。
○さらに，「授業の総括評価」を基に「修正指導案」も作成しました。
「評価は，新しい授業をつくるために行う」という考えから実行しました。

③ 3者評価から見えたこと

○3者評価をきわめて丁寧に実行しました。

3者の目をくぐると，確かにこれまで気づかなかった「授業の盲点」を浮き彫りにすることができました。
○授業の総括表を基に「修正指導案」を作成している時，「ハッ」とさせられました。
「3者の評価と言うが，心の底に残るものは何なのか」
「修正案を書いている今，何が一番の手がかりになっているのか」
「参観者からの指摘か」
「子どもの授業の感想か」
「違う……？」
「授業者自身の手応えではないだろうか」
○授業のはじめにチョコレートを提示した。子どもたちは，「オーッ！」と歓声を挙げた。

「今日の授業，いけるぞ」と手応えを感じた。

解決の見通しを立てる段階でも，子どもたちの表情にもゆとりを感じた。

ただ，異分母の分数の大きさを比べる時，図示するか，折り紙を使用すると予測していた。しかし，子どもたちは，数値の操作で同分母化する考えに流れた。

このまま流れると，「なぜ，同じ分母にするのか」「同一単位化していることの把握が甘くなるぞ」と焦った。

この場面での思考展開の読みが甘かった。

などなど……。

このように授業者の手応えがどんどんよみがえってきました。
- 授業評価で一番根っこになるものは，「授業者の手応えだ！」と気づきました。

④ 授業の手応え

- 授業の評価で一番大切にしなければならないものは，授業者自身の「授業の手応え」です。

　このように言い切ってしまうと，他者の意見も受け付けない閉鎖的な独善的な極論と受け止められるかもしれません。
- しかし，「授業の手応え」を大切にし，それを基底に据えて，いろいろな評価を参考にしていかないと，本物の力量を高めることにはなりません。
- また，自分の力量にうぬぼれている場合は別ですが，「授業の手応え」は，授業評価の上で，大きな位置を占めています。
- 日々の授業改善の糸口は，「授業の手応え」をどこまで素直に受け止め，明日からの授業にどう生かしていくかです。
- 素直な気持ちで，かつ謙虚に「授業の手応え」をかみ締め，一歩一歩

第3章　授業を評価する知恵

改善へと駒を進めていくことによって，授業力量を高めていくことができます。
○自らの実践を大切にし，謙虚に前進していきましょう。

「今日の授業，やったぜ！」
「手応え，充分あったぜ！」

こんな授業がしたいねー

授業者の手応え

32 授業を振り返る内観法

> 校内研修会等の「授業整理会」で授業改善に関して意見を聞かせてもらうのですが，日々の授業をどのように変えたらよいのかがはっきりつかめません。自分の授業を自らの手で改善する方法はありませんか？

◆校内で行われる「授業整理会」は，学校研究のテーマを中心に討議されます。ですから，授業展開の細かな点に関する意見交換がなされないままに終了することがあります。

◆ところが，授業者は「自分の授業のどこを，どのように改善すればいいのか」その具体的な方策が知りたいですね。

◆「授業のどこをどのように改善すればよいか」を明確にするには，校内の研修会を大きく変えるか，また，別の方策を工夫するしかありません。

◆自分の授業を変える最適な方法があります。
効果抜群です。授業力量も飛躍的にアップします。
しかし，実際に行うには，いくつかの条件整備が必要です。

◎一度は，ぜひ試みていただきたい方法です。
私もこの方法で鍛えられました。

知恵袋

授業力量をアップさせる「内観法」

① 「授業の内観法」の威力。
② 「内観法」を実施するには条件整備が必要。

① 「授業の内観法」を実施する条件

○「授業の内観法」の実施には，次の条件が必要です。
○何でも気軽に語れる仲間が５人以上いること。
　その中に授業がよく見える凄腕のベテラン教師が１人いること。
　授業ビデオが準備されていること。
　討論会後に「楽しい慰労会」が準備されていること。
　（「慰労会」，大切ですよ。後でゆっくり語ります。）

② 「内観法」のやり方(1)―「授業者つぶやき型」―

○「授業の内観法」には，２つのやり方があります。
○まず，「授業者つぶやき型」のやり方を紹介します。
○授業ビデオを再生させながら，授業者自身が自分の思いや考え，授業予測をつぶやきます。
　授業の最後まで，つぶやき通します。
○周りの仲間は，どこで，どんなつぶやき（内観）をしたかをメモします。
○授業の最後の場面まで，授業者のつぶやきだけで，他の人は，無言のままでやり通します。
○最後まで，授業者のつぶやきだけが聞かれ，回りは無言。
　授業者は，間違いなく汗びっしょりとなります。
○最後のつぶやきが終わった後，授業者にねぎらいの拍手を送ります。
○授業者自身のつぶやきが終了したら，小休憩を取ります。
　その間に，授業者は気持ちの高ぶりをコーヒーでも飲んで沈めます。
　周りの人は，授業者のつぶやきメモを整理し，授業者への質問事項をまとめます。
○再開します。ここからが正念場です。
　授業者のつぶやきについて，周りの仲間がつぶやきの意味をたずねま

す。
「即，授業に乗って来ると予想していたのに，ダメだったな」
「どのように子どもが乗ってくると予想していたのですか」
「導入の素材に問題があったと考えますか」
「それとも，素材の投げかけ方に問題があったと思いますか」
周りの仲間からどんどん質問や意見が飛び出します。
「あれは，素材ではなく，素材を投げかける時の言葉かけに問題があった。言葉かけの吟味の甘さが子どもを引き付けられなかった大きな原因となっている」
ベテランの先生から，厳しいまとめの意見が飛び出します。
○このような質問・意見交換が最低で2時間は続きます。
授業者は，足腰が立たないくらい疲れ果てます。
○「よく耐え抜いた」と全員の大拍手で，「授業内観の会」を閉じます。

③ 「内観法」のやり方(2)―「一時ストップ型」―

○やり方(1)とは違い最初から仲間全員で意見交換をします。
○授業のビデオを再生します。
○何かを言いたい場面で「ストップ」をかけます。
○そして，授業者にたずねます。
「『前のお勉強と違ったところがありますね』とたずねたけれど，授業者は，どこが違っていると指摘してくると予測していたのか」
「予測通りの反応だったのか」
「前の勉強とたずねなくても，子どもは気づいていたのではないか」
「『子どもは，前の計算と違っている』と呟いていた」
「もっと，子どもの呟き，動きを見て授業を進めないと……」
○このような意見交換をしながら「ストップ」の連続で進めます。
○最後の場面までたどり着きます。

第3章　授業を評価する知恵

○周りの仲間の教師から，特に改善すべき点をズバリ指摘します。
　ベテランの凄腕教師には，どのような点について留意すればいいか，日々の授業を通してどのようなことを修業すればいいのかをまとめてもらいます。
○最後に，仲間から細かく指摘された中で，特に気づいた点について授業者が語り，会を閉じます。
○会を閉じると全員ヘトヘトに疲れ，無言の一時が流れます。
　「慰労会へ繰り出すぞ！」のかけ声で，皆元気を出し会場へ移動します。
○「慰労会」は，最高に盛り上がります。
　授業者の勇気と熱意を絶賛します。
　「次は，俺がやる！」と言い出す仲間が拳を上げて立候補します。
　「がんばれ！」の大拍手で，宴会は最高に盛り上がります。

④　お勧めの「内観法」

○「内観法」のやり方を2つ示しました。
　気軽にできる「やり方」は，(2)の「一時ストップ型」です。
○ただこの方法は，時間がかかります。授業の4倍くらいの時間を要します。
○時間がかかりますが，授業者にはたくさんの宝物が残ります。また，仲間の先生も多くのことを学びます。

⑤　「内観法」からの宝物

○授業ビデオを再生しながらの「授業の内観法」からたくさんの宝物を得ることができます。
　通常の授業反省会とは比べものにならない宝物が得られます。
○授業の中で作業指示を出します。
○子どもたちが作業に取りかかると教師は何気なく机間巡視をしたり，

授業の次の展開に備えて準備しようとしたりすることがよくあります。
○このように展開される授業への甘さは，きっちり指摘されます。
　「作業指示を出した直後，あなたは何を見ていましたか」
　「作業指示が届いていない子は，何人ほどいたと見取りましたか」
　鋭い質問が飛んできます。
○「作業指示後，まずすべきことは，指示が通ったかの確認です。目の動かし方にコツがあります」
　「作業指示の確認の甘さが，あなたの授業のクセの1つとして定着しています。作業指示後の目の使い方を日々の授業で身につけた方がいいですよ」
　このような指摘がベテラン教師からなされます。
○内観の検討会を進めていると，一見厳しく堅く苦しく感ずるかもしれません。
　しかし，気の知れた仲間の集まりのことですから，厳しい空気の中にも，他では味わえない温かさがあります。

⑥　ベテラン教師の存在

○細切れ式の「内観による検討会」には，ベテラン教師に参画してもらうことが重要な条件です。
○ベテラン教師がいないと，授業のビデオ再生が単純に流されていきます。
　「見れども，見えず」があるからです。
○一見何でもない教師の行動や子どもとの接し方に，大きな意味が含まれていることがあります。
　しかし，残念ながら「見れども，見えず」で気づきません。
　ベテラン教師ともなると，ちょっとしたしぐさも見落としません。

○授業ビデオ再生中，突然に「ストップ」の声がかかります。
　「この子の意見を大事にしなかったのは，どうして」
　「先生が予測していなかった考えなのでしょう」
　「先生に都合のいい意見だけで授業を進めていると，授業に深みがなくなりますよ」
　「本物の授業力量はついてきませんよ」
　授業力量を高める方法にその場で気づかされることがよくあります。
○ベテラン教師が入っていると，何でもなさそうな場面で「ストップ」とビデオを止められ，その場面での授業者の思いを引き出してくれます。
　そして，授業を支える見えないものに気づきます。
○内観法の成功の鍵は，ベテラン教師の存在にあります。

⑦　楽しい「慰労会」を！

○まじめな研究会に「慰労会がなぜいるの？」と思われるかも知れませんが，絶対に必要です。
○内観の授業ビデオを提供した教師の緊張は相当のものです。一度経験すれば分かりますが，授業者も参加者もヘトヘトになります。
　特に，授業者は，腰が抜けたようにぐったりしてしまいます。悲観的になりがっかりしたからではありません。ものすごい収穫を得られたのですが，大変な緊張だったからです。
○この検討会の後の「慰労会」が楽しいのです。普通の慰労会と全く違う，教師にしか味わえない充実感と親密感に包まれます。
　そして，参加者皆で「楽しみながら教師力アップに励もう！」という熱気がわき上がってきます。
○「内観法による授業検討会」の後には，「楽しい慰労会」をお忘れなく……。

33 こんなテストも！「ＳＰテスト」

◆長い間，高学年ばかり担任していました。
　尊敬する大先輩の教頭先生から，「高学年ばかり担任していたら一人前の教師にはなれないよ。本物の小学校教師になりたいのなら，低学年担任の経験を積まないとね」と諭され，初めて２年生を担任しました。

◆２年生担任として授業を開始して，驚きました。
　チャイムが鳴り教室に入って，びっくり！
　泣いている子，小競り合いをしている子，騒ぎまくっている子……。
　こんな中でどうして授業を始めればいいの？
　頭を抱え込みました。

◆ここからが，隠れた教師修業……。
　並行学級のベテラン先生の授業を覗きに行きました。
　「今，５人の人騒いでいるでしょう」と一言注意しながら，黒板にまとめを書いておられました。びっくりしました。
　私は，授業後素直にたずねました。
　「失礼とは思いましたが，困り果てて，教室を覗かせてもらいました」
　「どうして黒板だけを見ていて，５人の子が騒いでいると分かるのですか」
　「何年間，教師をしているのですか。勘ですよ」
　「５人騒いでいるか，10人騒いでいるか，雰囲気でつかめるでしょう」
　私は，「これだ！」とひらめきました。
　それからだんだん低学年の子どもたちの扱いに慣れていき，修業の１年，実りの多い１年間を送りました。

第3章　授業を評価する知恵

◆低学年での悪戦苦闘の中から開発したテスト法が「SPテスト」です。
　低学年で10題の計算問題を出します。皆10題正解です。
　「皆そろってよい子ですね」
　私は，「皆そろってよい子」に疑問を感じました。
　「10問正解。けれど，どの子も同じ力なのだろうか？」
◆生活の中にヒントがありました。
　子どもたちに掃除をさせる時，「速く，きれいにしなさい」と言います。
　必ず「速く」「きれいに」と……。
　「計算テストも，これだ！」とひらめきました。

> **「SPテスト」で子どもの実力が見える**
> ① 「速さ（S）」と「正確さ（P）」の2軸で捉えると子どもの実力が把握できる。
> ② 子どもに実力向上の目標が持たせられる。
> ③ 個別の指導が的確にできる。

①　計算力には，「速さ」と「正確さ」が要求されます

○「速く正確に」計算処理しなければ，生活に役立ちません。
　そこで，「速さと正確さ」とを把握できるテスト法を考え出しました。
○「SPテスト」と命名しました。
　Sは，速さ（スピード）。Pは，正確さです。

②　「SPテスト」は次のように行います

○計算問題を50〜100題準備します。
　（市販の計算ドリルを使用すれば手軽にできます。）
○時間を決めて，計算問題に取り組ませます。

（やり直しをさせずに、どんどん進ませます。）
○正確さ（P）は、（正答数）÷（進んだ題数）×100 で算出します。
　速さ（S）は、進んだ題数です。
○S（速さ）を横軸に、P（正確さ）を縦軸に取った二次元グラフに氏名を記入し、位置づけます。

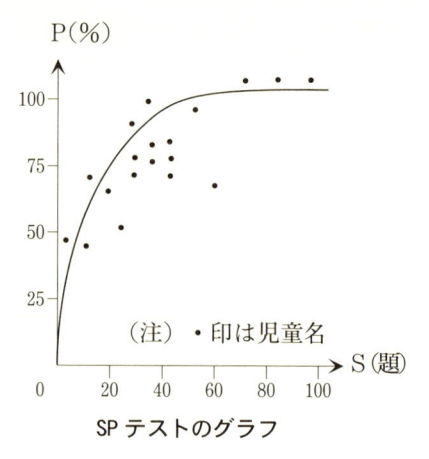

SP テストのグラフ
（注）・印は児童名

③ 「SP テスト」の効果

○「みんなそろってよい子」として一団にしか見えなかった子どもたちが、一気に散らばって見えてきます。
　・スピードもあり正確さもある子
　・スピードがあるが正確さに欠ける子
　・正確だけどスピードがない子
　・正確さにもスピードにも乏しい子
○それぞれに特色があることがはっきりと見えてきます。
　子どもの特色に合わせた個別の助言、個別指導が的確にできる貴重な資料となります。
○「SP テスト」の最高の効果は、子どもたちに実力向上への目標を自覚させられる点にあります。
　「SP テストのグラフ」を見ると子どもたちから自然に呟きが起こります。
　「スピードを上げる練習がいるな。時間を計って練習しないと……」
　「ぼく、そそっかしいから速いけど間違いが多いな」
　教師の「スピードを上げる練習がいるよ」という言葉よりはるかに自らが自覚し、向上への意欲を持ちます。

○「SPテスト」は，子どもの粗探しのために行うものではありません。子どもの実力を的確に把握し，個に応じた指導を行うための資料を得るテストです。決して誤解されないように……。

あとがき

　「学力向上コンサルタント」を委嘱され，公開研究会や校内研修会に招かれる機会がよくあります。
　どの学校でも丁寧に迎えられ，玄関にスリッパまで揃えられています。しかし，長年の実践経験のクセが抜けず，私は必ず内履き用ズックを持参し，さっと授業参観に向かいます。

　大きな公開研究会の授業も小さな校内研修会でも極めて丁寧に準備されています。指導案が何ページにも渡って書かれています。先生方の苦労と熱心さに頭が下がります。
　丁寧に書かれた指導案に目を通しながら，授業参観の教室へ入ります。
　導入場面から課題が導き出され，課題の解決へと授業が展開されていきます。自分の考えを明確にするために「書く活動」に相当の時間がかけられています。
　その後，話し合い活動の場へ移ります。ほとんどの場合，小黒板に書き込まれたいくつかの考えの比較検討がなされています。
　活発な意見交換がなされた後，「学習の振り返り」を書き，授業が終了します。

　授業整理会場には，「活用力を高める授業の工夫」「学び合う学習のあり方」といった大きなテーマが掲げられています。
　授業整理会では，「活発な話し合い，学び合いの姿が見受けられ，素敵な授業を拝見させてもらいました」というような意見が述べられ，研修会が無事終了となります。

あとがき

　でも，何か物足りなさが残ります。
　心を揺り動かす感動，「あの授業の攻め方は，すごい。使える」と頭をキリキリさせる刺激が残りません。
　研究の方向に問題があるわけではありません。にもかかわらず，何か心に迫るものが感じられません。

　「活用力を高める」「学び合い学習をめざす」という大きなテーマを振りかざしていても，授業改善が進まないのではないか。
　「授業実践の攻め方にどのような工夫が必要なのか」と考えながら帰路に着きました。
　車を走らせながら，ふと「ピンポイントの改善方策が必要だ！」という思いが頭を掠めます。
　「この授業では，この点に改善を加えました。効果はどうですか」と，一点に迫る授業改善への気迫と方策の明確化が必要ではないか。

　ある研究会で基調講演をされた講師から素敵な言葉を学びました。
　「着眼大局，着手小局」――「これだ！」
　「着眼大局，着手小局」――現場実践を変えるキーワードです。

　若い教師の皆さん，是非，一点突破的な方略での授業改善に挑戦してみませんか。

　　平成23年3月

　　　　　　　　　　　　　　　　　　　　　　　　　山　本　昌　猷

著者紹介
山本昌猷
1942年11月　生まれる
1966年 4 月　石川県向田小学校勤務
1971年 4 月　石川県鳥屋小学校勤務
　　　　　（この間，金沢大学へ 2 回の内地留学。教育方法，数学教育を専攻）
1988年 4 月　石川県能登部小学校教頭
1993年 4 月　石川県御祖小学校校長
1997年 4 月　石川県鳥屋小学校校長
1998年10月　中日教育賞受賞
2003年 3 月　定年退職
2004年 7 月　「教師の交流館・わいわいハウス」開設
2006年12月　『授業を支え，学力を築く学級づくりの秘訣』（黎明書房）出版
2007月 6 月　『これからの親学　プラスパワーの子育て』（黎明書房）出版
2008年 2 月　『教師を高め，高い学力を築く教科経営力』（黎明書房）出版
2011年 4 月　『山本昌猷の「学びの技」を育てる学級づくりの知恵と技』（黎明書房）出版
現　在　わいわいハウス塾長として若手教師の育成に取り組んでいる。
　　　　「学力向上コンサルタント」として各学校の研究助言活動も行っている。
　　　　各種団体主催の講演会講師としても活躍中。

山本昌猷のこうすればうまくいく授業づくりの知恵と技

2011年 5 月10日　初版発行

著　者	山　本　昌　猷
発行者	武　馬　久仁裕
印　刷	株式会社　一誠社
製　本	協栄製本工業株式会社

発行所　株式会社　黎明書房

〒460-0002　名古屋市中区丸の内3-6-27 EBSビル　☎052-962-3045
　　　　　　振替・00880-1-59001　FAX052-951-9065
〒101-0051　東京連絡所・千代田区神田神保町1-32-2 南部ビル302号
　　　　　　☎03-3268-3470

落丁本・乱丁本はお取替します。　　　　　　　　　　ISBN 978-4-654-01676-1
ⒸM. Yamamoto 2011, Printed in Japan

山本昌猷の「学びの技」を育てる学級づくりの知恵と技
山本昌猷著　A5／157頁　1800円

達人教師・山本昌猷の知恵と技①　40年間の実践を通して著者が獲得した，大学の教職課程で学ばない「学級づくりの知恵と技」が詰まった新任教師・若い教師の座右の書。

授業を支え，学力を築く学級づくりの秘訣
山本昌猷著　A5／172頁　1800円

「子どもを伸ばす原点は，学級づくりにある」。学級づくりに全神経を注いできた著者が「プラスパワー貯金」などの子どもの伸びる学級づくりの秘訣を，具体的に紹介。

教師力を高め，高い学力を築く教科経営力
山本昌猷著　A5／148頁　1800円

統一性のある筋道のはっきりした学習活動により，効果的に学力の向上を目指す教科経営のあり方を，小学校算数の指導事例をもとに詳説。すごい実践の裏には「教科経営の技」がある／他。

これからの親学　―プラスパワーの子育て
山本昌猷著　四六／143頁　1600円

40年の教職経験によって導き出された，輝きながら自ら伸びていく子どもを育てる，子育ての「黄金の秘訣」を伝授。タイミングをとらえて誘いかける／最後まで本人にさせる／他。

野中信行が答える若手教師のよくある悩み24
野中信行著　中村健一編　A5／141頁　1800円

初任者指導教諭として活躍する著者が，若手教師の学級づくり，授業づくり，困った子どもへの対応，多忙な勤務，保護者対応などの悩みに的確に答えた待望の書。ベテラン教師も必読！

学級づくりの力をきたえる
前田勝洋・研究同人たち著　A5／168頁　2000円

やる気と自覚をうながす「ワザと仕掛け」　新学期前夜の過ごし方，朝の会，帰りの会が「学級づくりの決め手」など，長年の経験と実践に裏打ちされた，明るく元気な教室をつくり出すワザや仕掛けを紹介。

授業する力をきたえる
前田勝洋・研究同人たち著　A5／152頁　2000円

子どもをやる気にさせるワザと仕掛け　「三本のチョークで，板書を変えよう」「ネームプレートを二組用意しよう」など，教師のちょっとしたワザや仕掛けで授業を変える方法を紹介。

表示価格は本体価格です。別途消費税がかかります。

仕事の成果を何倍にも高める教師のノート術
大前暁政著　四六／148頁　1500円

ノートを活用した授業細案の書き方，学級開きやイベントの計画の立て方，会議や研究会・セミナーでのノートの取り方など，仕事のスタイルに合わせたノート術を紹介。

失敗・苦労を成功に変える教師のための成長術
長瀬拓也著　A5／123頁　1700円

「観」と「技」を身につける　成長する教師は成功する。初任時代の苦難を乗り越える中からあみだした教師の成長術を，図・イラストを駆使し余すところなく公開。

教師のための時間術
長瀬拓也著　四六／128頁　1400円

時間の有効活用法をあみだし，仕事に追われる日々から自らを解放した著者の時間術を全面公開。子どもができる仕事は子どもに／朝の介はショート＆ロング／帰る時間を決める／他。

教師のための整理術
長瀬拓也著　四六／125頁　1400円

毎日仕事に追われ，学級経営や授業に悩む先生方必読！　学級づくりのための整理術，授業づくりのための整理術，実践したことや自分の考えの整理術，ファイルやノートの整理術などを紹介。

思いっきり笑える爆笑クラスの作り方12ヵ月
中村健一編著　B6／94頁　1200円

教師のための携帯ブックス⑥　クラスに一体感を生み出す，学級開きや遠足，学芸会，お楽しみ会など，「お笑い」の要素をふんだんに取り入れた行事を月別に紹介。

子どもも先生も思いっきり笑える爆笑授業の作り方72
中村健一編著　B6／94頁　1200円

教師のための携帯ブックス⑧　現役教師たちが実践している，毎日の授業を楽しくするネタを，学習規律，授業の導入，展開，終末に分けて紹介。ひと授業の中で使える爆笑ネタが満載。

子どもも先生も思いっきり笑える73のネタ大放出！
中村健一著　B6／94頁　1200円

教師のための携帯ブックス①　子どもの心をつかみ，子どもたちが安心して自分の力を発揮できる教室をつくる，クラスが盛り上がる楽しい73のネタ。鼻下注意の命令ゲーム／教科書音読おもしろ指名／他。

表示価格は本体価格です。別途消費税がかかります。